本书获2017年贵州省
出版传媒事业发展专项资金资助

贵州省苗族侗族文化传承与发展协同创新中心专项经费资助

教育部人文社会科学研究青年基金项目："人类学视阈下的黔湘桂省际民族地区'插花地'问题及治理创新研究"（批准号:19YJC850022）成果

清水江文书整理与研究丛书

地湖文书校释 卷二

谢景连 罗康智 校释

贵州出版集团
贵州民族出版社

图书在版编目（CIP）数据

地湖文书校释．卷二／谢景连，罗康智校释．－－贵阳：贵州民族出版社，2020.10
（清水江文书整理与研究丛书）
ISBN 978-7-5412-2583-3

Ⅰ．①地… Ⅱ．①谢… ②罗… Ⅲ．①乡镇－地方史－史料－天柱县 Ⅳ．① K297.34

中国版本图书馆 CIP 数据核字 (2020) 第 171411 号

**清水江文书整理与研究丛书**
**地湖文书校释　卷二**
谢景连　罗康智　校释

| | |
|---|---|
| 出版发行 | 贵州民族出版社 |
| 地　　址 | 贵阳市观山湖区会展东路贵州出版集团大楼 |
| 邮　　编 | 550081 |
| 印　　刷 | 贵阳德堡印务有限公司 |
| 开　　本 | 787mm×1092mm　1/16 |
| 字　　数 | 180 千字 |
| 印　　张 | 11.5 |
| 版　　次 | 2020 年 10 月第 1 版 |
| 印　　次 | 2020 年 10 月第 1 次印刷 |
| 书　　号 | ISBN 978-7-5412-2583-3 |
| 定　　价 | 60.00 元 |

# 出版前言

清水江是长江水系的重要支流，是沅江的主源之一，发源于贵州省都匀市谷江乡西北，主要流经贵州省都匀、麻江、凯里、黄平、台江、施秉、剑河、锦屏、天柱及湖南省会同、洪江、芷江等县（市），在湖南省洪江市黔城镇与潕水汇合，以下即为沅江，最后汇入"八百里洞庭"。清水江干流全长约460千米，流域面积1700余平方千米。

清水江一直是黔东地区和外界沟通的重要通道。明代，中央王朝即从这里采办大批"皇木"。清代中期，这里商贾云集，木材贸易繁盛一时。清水江流域也是苗族、侗族等民族聚居的地区之一，许多民族村寨至今保存着大量自明代中后期起至民国时期形成的关于土地、山林、木材、房屋等方面经济关系的契约，以及借贷、书信、诉讼、告示、账簿、族谱、碑刻等方面的文书。因首先在锦屏县发现，学术界、政界等开始称其为"锦屏文书"；后来清水江流域许多县市亦有大量发现，故而又称其为"清水江文书"。2010年，"锦屏文书"被列入《中国档案文献遗产名录》。国内外法学、经济学、历史学、人类学、民族学、林学等学术界普遍认为"清水江文书"具有极高的文献价值和学术价值，对其进行收集、整理、研究日甚一日。

在国家推动文化大发展大繁荣、抢救和保护各民族非物质文化遗产的盛世时代，贵州民族出版社分期分批组织编著和出版"清水江文书整理与研究丛书"，目是将具有代表性和典型性的"清水江文书"原始记录以及关于"清水江文书"学术研究的成果，比较全面系统地呈献给读者，呈献给社会，呈献给未来。

本丛书按"点面"与"纵横"相结合的思路实施著述与出版工作。一是注重典型，对若干典型民族村寨收藏的"清水江文书"原件进行影印、整理、点校、注解。二是突出重点，对"清水江文书"中的林业契约文书、土地契约文书、典当契约文书、借贷文书、诉讼文书、古碑文等进行分类整理和研究。三是拓宽视野，从经济学、历史学、法学、民族学、人类学、生态学等学科，

对"清水江文书"进行较为深入系统的学术研究。

本丛书的著述与出版,是一项较大的文化工程,不足之处在所难免,我们真诚地希望读者提出宝贵意见。

**"清水江文书整理与研究"丛书编辑组**

# 凡　例

### 一、文书的来源
本书所选用的文书均为笔者从贵州省天柱县地湖乡的村寨收集而来。

### 二、文书的选录原则
本书选录的是保存较为完好、内容基本完整、文献价值较高，产生于1949年以前的文书。

### 三、文书的编排方法
本书所收录的文书按其"归户性"的特点，每户家藏文书放在一起，其后再按年、月、日由远到近的时间顺序编排，时间不详的，排在该户家藏文书最后。

### 四、文书的标题
每份文书的标题，均为笔者根据内容所拟，一是注明该份文书产生的时间，二是注明该份文书的当事人姓名、事由、事项。全部使用简体字。

文书中的人名超过三人的，只列前三人，其后加"等"字，文书载明人际关系、人数字样的，其文字说明也予以说明，如"弟兄二人""父子三人""母子四人""叔侄五人"等。文书中的契约部分往往开头写作"×××字"或"×××约""×××字约""×××契"，其文字说明则照此写明。文书无年月日或无法识别的，则注明"时间不详"。

"宣统四年"这种原文有误的，一律改为"民国元年"。

### 五、释文的处理
释文使用简体字。

原文中的错别字，点校时照录，但在其后用"（　）"标出正体字或正确的字。因文书破损造成的缺字，或字迹模糊、难以辨识的，一律以"□"表示此处缺一个字，缺两个字则用"□□"表示；若不能确定缺字数量，则以"……"表示。

原文抄写时漏字的，若根据上下文文意或同类文书可确定为某字时补出，补字以"〔　〕"标出。

文书中表示价格数字的"一"大都写成"乙"字,其目的是为了防止人为盗改。在点校中统一将"乙"字改为"一"。
　　原文中的数字写法,如"廿""卅",以及前后文书大、小写不统一的情况,如"十""拾","二""贰"等,释文一律使用原文的数字写法。
　　文书末尾的年月落款,释文均每行前空两个字格排列。凭中、代笔、卖主落款则略依原文,靠右排列。

# 目 录

综 述 …………………………………………………………………（001）

**甄家墓村蒋坤力家藏文书** …………………………………………（013）
道光二十五年二月二十日蒋日相卖油树契 ………………………（014）
同治十年十二月十四日蒋门吴氏拓妹母子卖田契 ………………（016）
同治十三年八月二十一日吴受荣卖荒山契 ………………………（018）
光绪十三年十二月十一日吴蒋氏爱妹母子卖田契 ………………（019）
民国三年七月二十三日吴蒋氏卖水田契 …………………………（021）
民国三年九月十九日吴蒋氏卖水田契 ……………………………（022）
民国五年十一月十一日吴受环卖墕契 ……………………………（024）
民国十五年十一月十五日蒋刘氏卖油树养木契 …………………（025）
民国二十四年三月二十八日吴受锜卖水田契 ……………………（026）
民国二十七年三月十六日蒋焕楚、蒋焕南、蒋焕棠分关字 ……（027）
民国二十九年六月十三日蒋吴氏升凤当水田契 …………………（029）
民国三十年五月初十日蒋焕彩、蒋焕铣卖水田契 ………………（030）
民国三十年十一月十七日蒋吴氏申凤、般全母子卖水田契 ……（031）
民国三十三年十二月十六日蒋乾添卖油山契 ……………………（032）
民国三十六年三月初六日蒋焕周卖水田契 ………………………（033）
民国三十六年三月初八日蒋焕常卖屋场地基契 …………………（034）
蒋焕文卖水田契（时间不详） ……………………………………（035）
吴受□卖水田契（时间不详） ……………………………………（036）

永兴村杨喜英家藏文书 …………………………………………………（037）
　嘉庆十三年十二月初二日李世显卖田契 ………………………………（038）
　光绪七年闰三月二十五日吴顺焠拨约字 ………………………………（040）
　光绪八年十二月二十八日吴志壹、吴志敏、受三等卖油树荒墡契
　　………………………………………………………………………（041）
　光绪二十二年四月初八日吴顺炳当水田契 ……………………………（042）
　光绪二十二年十一月十八日唐通勋除帖字 ……………………………（043）
　光绪二十五年三月二十六日吴杨氏母子卖田契 ………………………（044）
　光绪二十五年六月十五日吴受杰卖水田契 ……………………………（045）
　光绪二十七年十月初一日吴唐氏母子卖房屋契 ………………………（046）
　光绪二十八年三月二十四日吴林氏卖油树契 …………………………（047）
　光绪三十三年八月初六日吴受先卖水田契 ……………………………（048）
　光绪三十三年十一月十二日吴受周卖油树木山契 ……………………（049）
　光绪三十四年四月二十五日唐宏勋卖荒墡契 …………………………（050）
　宣统二年十二月十一日吴受斌叔侄卖养木地基契 ……………………（052）
　民国二年三月十六日吴明藻卖吴明藻卖油树杉样杂木地基契 ………（053）
　民国四年十二月初八日吴受均当水田契 ………………………………（054）
　民国六年五月二十三日胡秀贵卖阴地契 ………………………………（055）
　民国七年八月初三日吴明钊卖油树杉条桐样杂木地基契 ……………（056）
　民国八年十一月十四日吴明濂卖荒山杂木契 …………………………（057）
　民国九年十月十一日吴受皇借约字 ……………………………………（058）
　民国十二年五月十二日吴明兴卖墡契 …………………………………（059）
　民国十三年八月初六日吴明经当水田契 ………………………………（060）
　民国十六年三月十七日吴明扬收字 ……………………………………（061）
　民国十九年二月二十一日吴明玉卖水田契 ……………………………（062）
　民国十九年二月二十八日吴受仙卖水田契 ……………………………（063）
　民国十九年三月二十四日吴受皇、李氏卖禁山百木地基契 …………（065）
　民国二十年三月十八日吴宗泽卖水田契 ………………………………（066）
　民国二十一年十二月十六日吴李氏三妹婆孙卖水田契 ………………（067）
　民国二十二年三月十八日印永桂借谷子约字 …………………………（068）

民国二十三年五月十八日吴明衡借钱约字 …………………………（069）
民国二十三年七月十三日吴明恒借钱字 ……………………………（070）
民国二十三年古十二月吉日蒋光彩卖水田契 ………………………（071）
民国二十四年二月初八日吴明珠卖水田契 …………………………（072）
民国二十四年二月初十日吴明珠卖水田契 …………………………（073）
民国二十五年九月初十日蒋光皎散息虑后字 ………………………（074）
民国二十六年四月初八日吴宗仁卖屋场地基契 ……………………（075）
民国三十年三月初六日蒋焕彩当水田契 ……………………………（076）
民国三十年五月十四日吴李氏同继子宗义卖油山百木地基契 …（077）
民国三十二年九月初六日吴明珠卖水田契 …………………………（078）
民国三十二年十月十二日吴明珠卖轿子会契字 ……………………（079）
民国三十二年十一月二十二日吴明珠卖水田契字 …………………（080）
民国三十二年阴十二月初二日迁徙证明 ……………………………（081）
民国三十二年十二月初八日吴明珠卖水田契字 ……………………（082）
民国三十四年二月初八日吴得荣卖油山百木地基契 ………………（083）
民国三十五年十一月二十六日吴明珠卖水田契 ……………………（084）
民国三十五年十一月二十七日吴宗泽卖水田契 ……………………（086）
民国三十五年十一月二十六日吴明修卖水田契 ……………………（087）
周德公运粮谷名单（时间不详）………………………………………（088）
吴明钊当水田契（时间不详）…………………………………………（089）

**岩古村吴会济家藏文书** ………………………………………………（091）
咸丰二年六月初三日吴增华卖房屋地基百并在内契 ………………（092）
同治五年三月初二日吴顺桢卖水田契 ………………………………（093）
同治五年十二月初二日吴开炳卖油树杉杂木塝契 …………………（094）
同治九年九月十四日吴门口罗氏福妹卖油树契 ……………………（095）
光绪二十六年十二月初二日吴顺熙卖塝冲契 ………………………（096）
光绪三十一年正月二十四日吴修家卖荒山百木契 …………………（097）
光绪三十四年二月初三日吴运智卖水田契 …………………………（098）
宣统二年八月吉日过亩底单 …………………………………………（099）

| | |
|---|---|
| 宣统三年十二月十二日吴开德卖油树荒山百木地基契 | （100） |
| 民国元年二月初四日蒋荣富卖荒山契 | （101） |
| 民国元年五月吉日过亩清单 | （102） |
| 民国元年十一月十七日吴运智卖水田契 | （103） |
| 民国三年九月二十三日吴会兴分关约字 | （104） |
| 民国四年二月十三日吴运智卖荒山百木地基契 | （105） |
| 民国五年九月二十八日 | （106） |
| 蒋景元卖房屋瓦介角柱子方片地脚等契 | （106） |
| 民国十年二月初四日吴运通卖荒山百木地基契 | （107） |
| 民国十年十月十六日吴开湘卖竹山柏木地基契 | （108） |
| 民国十二年十一月二十五日吴运贵卖竹山柏木契 | （109） |
| 民国十三年十一月十一日吴门唐氏连閧吴开书母子卖荒山百木地基契 | （110） |
| 民国十四年十月十九日吴开书卖荒塝冲百木地基契 | （111） |
| 民国十六年五月初四日吴开上、吴开书卖园场地基契 | （112） |
| 民国十六年六月初七日吴开上、吴开书卖园场地基契 | （113） |
| 民国十七年二月二十三日吴会清卖桐油树百木地基契 | （114） |
| 民国十七年三月十一日吴开上、吴开书卖房屋瓦片等契 | （115） |
| 民国十八年七月初八日吴阳氏向妹卖水田契 | （116） |
| 民国十八年七月十一日吴运作卖水田契 | （117） |
| 民国十八年八月十七日吴运杰卖养木核桃树柏木地基契 | （118） |
| 民国十八年十二月初二日吴阳氏想妹卖荒山柏木地基契 | （119） |
| 民国十九年二月三十日吴会林卖荒山地基百木契 | （120） |
| 民国十九年六月二十二日吴运杰卖水田契 | （121） |
| 民国十九年十二月初三日吴会陛典水田契 | （122） |
| 民国十九年十二月十六日过亩抵单 | （123） |
| 民国二十年五月八日吴会清卖养木契 | （124） |
| 民国二十一年六月初八日吴会陛卖水田契 | （125） |
| 民国二十一年九月二十八日吴开信卖水田契 | （126） |
| 民国二十一年十月十八日吴阳氏响妹卖荒山地基契 | （127） |

民国二十一年十二月十九日吴开信等三人卖水田契 …………（128）
民国二十二年十月十八日吴运伦卖水田契 …………………（129）
民国二十二年十一月十四日吴会陞典水田契 ………………（130）
民国二十三年七月初六日唐自德卖荒山契 …………………（131）
民国二十三年七月二十二日唐自恒卖荒山柏木地基契 ……（132）
民国二十三年十二月初七日吴会陞卖水田契 ………………（133）
民国二十六年六月十八日吴阳氏响妹卖堉场竹木地基契 …（134）
民国二十六年十一月二十九日吴运本借约 …………………（135）
民国二十九年十二月初七日吴栢顺交单字 …………………（136）
民国三十年四月二十七日吴栢顺限粮字 ……………………（137）
民国三十年闰六月初二日吴会广卖水田契 …………………（138）
民国三十年十二月二十六日阳氏响妹婆媳卖竹山地基契 …（140）
民国三十一年五月十二日吴会升卖竹山柏木地基契 ………（141）
民国三十一年六月二十九日吴运升卖干田契 ………………（142）
肉　单（时间不详） …………………………………………（143）

**永光村吴宗军家藏文书** ……………………………………（145）
道光九年十一月十八日吴集材、吴修皆卖屋场契 …………（146）
光绪二十八年六月初八日吴顺彬当堉契 ……………………（148）
光绪二十九年十一月十九日吴顺彬卖屋场堉契 ……………（149）
光绪三十三年十一月十二日吴顺彬当屋场堉契 ……………（150）
民国三年十一月十八日吴受文卖水田契 ……………………（151）
民国五年二月初六日吴受环卖屋场并堉契 …………………（152）
民国五年二月初六日吴顺宥吴唐氏分关字 …………………（153）
民国七年六月初二日吴会明卖阴地契 ………………………（155）
民国十年六月二十一日裁决书 ………………………………（156）
民国十一年正月初六日吴明濬当水田契 ……………………（157）
民国十一年三月三十日吴明见卖养木地基百木契 …………（158）
民国十一年六月二十二日吴受任卖水田契 …………………（159）
民国十一年七月初二日蒋光成卖油树百木地基契 …………（160）

民国十一年十月初一日吴明富卖水田契 …………………………（161）

民国十二年五月二十六日吴明濬卖水田契 ………………………（162）

民国十三年正月二十日吴宗模卖荒山地基百木契 …………………（163）

民国十三年六月初十日吴明亮卖水田契 ……………………………（164）

民国十三年十二月吴受煌卖水田契 …………………………………（165）

民国十四年二月十一日吴明孝卖柏木地基堎契 ……………………（166）

民国十五年三月朱世明卖新开堎田契 ………………………………（167）

民国三十四年十二月十九日吴顺周卖房屋地基毛岩石磙砖墙百并在内契
……………………………………………………………………（168）

民国三十五年十二月二十五日吴明君、吴明上、吴明权等卖众田契
……………………………………………………………………（169）

民国三十七年二月二十六日吴受锜卖荒旱田并堎场地基杂木百并在内契
……………………………………………………………………（170）

# 综 述

## 引言

土地问题是清水江文书研究中的一个重要内容，土地流转和地权关系又是学者们重点关注的问题。在已有的相关研究中，学者们往往从制度史层面出发，借用既有的一些概念或提出一些观点，撷取清水江文书中可资佐证这些概念或观点合理性的案例展开分析，最终形成自己的结论。此种范式的研究，对我们了解中央王朝在清水江流域推行土地制度和政策的历史过程大有裨益。但给人的总体感觉是，清水江文书仅成为论证这些概念或观点合理性的佐证材料而已，而未能很好地揭示清水江文书背后所隐含的复杂的社会文化意义；还会让人觉得，中央王朝推行的土地制度和政策很自然的就在清水江流域实施，而较少见到地方社会在中央王朝统治力量渗透过程中所体现出来的内在张力。一言概之，此种范式的研究可能算是以国家的行为逻辑作为历史的逻辑去研究清水江文书。以笔者之浅见，要将清水江文书所涉及的土地问题研究推向深入，还得结合具体案例中的执行情况及其具体运作情况展开分析，还需利用新的具体的材料和细致的田野调查展开综合分析，还得关注人、地、权背后所体现出来的地方文化创造以及对传统中国的国家认同，从而跳出传统制度史研究的窠臼。

位于清水江下游的天柱县地湖乡是一块贵州飞落湖南的"插花地"，明万历二十五年（1597）天柱"改所为县"事件，直接促成地湖成为"插花地"。地湖至今还保存着大量清代至民国时期的契约文书，这些契约文书类型多样，涉及社会生活中的方方面面，是研究"插花地"社区日常生活、人群关系、土地流转、家庭财产继承、经济生活等方面的重要历史文献资料。

### 一、地湖乡及其民间所藏契约文书情况

1. 地湖乡情况

地湖乡隶属于贵州省天柱县，位于清水江下游，是处在湖南会同县及靖州苗族侗族自治县境内的"插花地"。该乡位于贵州省天柱县城东南面，东经

109°28′—109°35′，北纬26°44′—26°48′，距离县城40.5千米，公路里程54千米，距离远口镇19千米，距离会同县城则仅有26千米。周边与湖南会同县的地灵乡、广坪镇，以及靖州苗族侗族自治县的大堡子镇、坳上镇接壤，从而形成一块被湖南"三镇一乡"严密包围的"插花地"。从行政归属来看，地湖乡犹如贵州省辖地切入到湖南省会同县辖境中的行政孤岛，总面积30.5平方千米。2014年之前，辖永光、永兴、江口、岩鼓、中河5个行政村，29个自然村，共54个村民小组。2014年响应"并村"的号召，将原永兴、永光和江口三个行政村合并，取名为"地湖村"；将中河村并入岩鼓村，合称"岩鼓村"。因此，目前地湖乡只辖地湖村和岩鼓村两个行政村，是天柱县面积最小、村寨最少、人口最少的乡。

查阅相关文献得知，明万历二十五年（1597），天柱"改所为县"事件直接导致地湖成为"插花地"。清康熙二十年（1681）《天柱县治》载："越万历二十五年，本所吏目朱梓抚苗向化，申详兵备道徐公榜、分守道郑公锐、分巡道陈公惇临、贵州巡抚江公东之、湖广巡抚李公得阳、巡按赵公文炳，会疏请照武冈、城步例，改所为县。照山东费、郯二县例，以吏员升县令，遂改为天柱县。割会同峒乡、口乡、汶溪并本所苗寨以成县治，爰设知县。"[1]据学者考证，上文所指的"峒乡"，就是今天的地湖、远口、大样、杨家、竹林等地。经过此次行政区划的调整，将原隶属会同县管辖的地湖划拨到了天柱县管辖。由此可知，天柱"改所为县"一事直接导致了地湖成为了"插花地"。但需进一步说明的是，天柱建县以后，与会同县同隶属于湖南靖州管辖。迟至雍正五年（1727），随着天柱县改隶贵州省黎平府后，地湖乡才真正称得上是贵州飞落湖南的"插花地"。雍正十一年（1733）改隶镇远府亦然。

就目前而言，地湖乡境的山林田土与湖南犬牙交错，在甄家墓、三管团、桥冲、桐木垅等寨，村民同村不同籍、房前屋后分属两省的情况比比皆是，甚至同一幢房屋，左边是湖南籍居住，右边则是贵州籍居住的情况兼有。即使是当地人，也不能全然厘清山林田土的具体权属。因此，《地湖文书校释》（2卷）有不少文书文藏地是湖南的村名，如桥冲、曾瓦墓村等，实则一村分属两省，比较特殊。

2. 地湖乡民间所藏契约文书概况

书中所涉及的契约文书，均系笔者于2012年9月至2013年9月在地湖乡

从事田野调查时所获，共计399件，以土地交易、典当契约文书为主，白契远远多于红契。所获契约文书来自8个不同的家庭，分别是永光吴德甫家83件；桥冲吴明恩家41件；桥冲吴明瞭家29件；甑家墓吴明邦（2012年年底去世）家59件；园界脚杨喜英家50件；岩鼓吴会济家95件；板栗山吴宗军家24件，以及湖南省会同县地灵乡甑家墓蒋坤力家18件。之所以要将湖南省会同县蒋坤力家藏契约文书也收录其中，原因在于，蒋家与贵州吴家共居甑家墓一村，房前屋后尽是贵州人房屋，其拥有的山林田土也与贵州土地犬牙交错。为了更全面、多维度地了解"插花地"社区的日常生活，故也将其收录于本书中。基于此，将其汇编成《地湖文书校释》（2卷）出版。

地湖契约文书各时期的分布比例为：清代38.3%；民国56.6%；时间不详的占2.8%。具体情况为：康熙年间1件；乾隆年间1件；嘉庆年间1件；道光年间25件；咸丰年间14件；同治年间34件；光绪年间60件；宣统年间17件；民国时期226件；时间不详11件。由此数据可知，民国年间的契约文书占比最高，占57%；光绪年间次之，占15%；再次就是同治年间占8%；道光年间占6.2%；宣统年间占4.2%；咸丰年间占3.5%；其他时期零星分布。

从时间上来看，最早的契约为清康熙六十一年（1722）八月二十二日"吴成美、吴国美、吴老春等父子四人卖阴地契"。其原文照录如下：

**契1** 立卖阴地契人吴成美、吴国美，同男老春、子云。今因要钱使用，无从得处，兄弟商议，将到自己祖业，土名：狗头坡，阴地一所，老祖上下，欲行出卖。问到房弟吴玉伯、吴瑞伯、吴周伯、吴祯伯兄弟等接管为坟。在后，任从老祖左右上下任从进葬。凭中三面言定卖价文艮（银）肆两整。其艮（银）亲领入手。其地卖与房弟耕管为坟，上抵老祖坟头，下抵田，左右抵田，四抵分明，并无包写他人寸土在内。如有房亲言论，在卖主向前立落，不干买主之事。一卖一了，父卖子休。今幸有凭，立此卖契为照。

立领帖人吴国美、吴成美。今因领到狗头坡价艮（银）就日亲领手。其地卖房弟耕管为坟。立此领帖，是实。

    凭中 吴文伯 吴尊右 吴生宴 吴伯才 吴维乡
    立亲笔 吴成美 吴国美 男老春 子云

康熙六十一年八月廿二日

契1是康熙六十一年八月二十二日吴成美、吴国美、同其儿子吴老春及吴子云四人卖阴地的契约，从契约的体例、格式、行文方式等来看，极其完整，手法相当娴熟。由此，笔者推测，在此份契约立订之前，可能已经有大量的契约文书存在于地湖了，最早立契的时间甚至可能是在明代，而明代立订的契约，要么因年代久远而遭毁坏，要么还"养在深闺人未识"。吴才茂和龙泽江两位学者在天柱县竹林乡梅花村吴家塎调查时，发现吴恒荣藏有一份明熹宗天启元年（1621）的一份土地买卖契约文书。[2]因地湖与梅花村仅一山之隔，相距3千米左右，各种习俗大致相同，由此可进一步证实笔者的推测。

笔者认为，要透彻理解这种类型的契约文书，可从"人、地、权"三个维度展开综合分析。第一，"人"的问题。从人的纬度来说，笔者认为，但凡契约文书都是由人签订的，因此，我们得去了解签订契约时不同的"人"的利益诉求和行为逻辑，并试图去剖析"人"的背后的社会关系网络，并以此为基础，去探究"人"的日常生活实践。契1中将人群分为买方、卖方、兄弟、父子、房亲、凭中等类型。不同的人为何可以出现在这份契约中？这些人的角色是什么？这些人的在场又意味着什么？若不出现这些人的名字，契约文书还能否产生？等等。这些问题是值得我们去认真分析的。第二，"地"的问题。契1中买卖的对象是阴地，查阅地湖其他契约文书，发现当地人基于自己的理解，还将土地分为田（水田、旱田）、杉地、荒地、菜园地、房屋地基等类型的土地。土地类型划分的社会逻辑何在？为何当地社会非常重视阴地的获取和权属问题？阴地权的获取在当地社会中又有什么样的社会文化意义？将土地分为不同的类型，对于当地社会又有什么样的意义呢？这些问题，也是我们在研究契约文书中需要重点关注的问题。第三，"权"的问题。土地契约文书可能涉及地权的观念、土地所有权、使用权、经营权、继承权、租佃权、典当权、赋税权等。在分析契约文书中，还需要关注这些权力是如何获得的或者是如何转移的？哪些权力是来自国家赋予的？哪些权力是基于地方社会的文化逻辑而获得的？国家权力与地方社会又发生了什么样的互动与调试？等等。

但凡土地契约文书，就一定会涉及"地"的问题，而对"地"的理解和分类，又是由"人"基于自己的文化来进行界定的，而有"人"的地方，就会涉及"权"的问题。因此，通过对"人""地""权"这三者之间复杂关系的研究，可望较为彻底地理解契约所在地的土地问题，才能形成从人的行为及其交往关系出发去建立历史解释的逻辑[3]，最终才能透彻理解契约文书背后所隐含的复杂的社会文化意义。

## 二、"除贴字""过亩清单"：田赋征收契约行为与田赋清单

总体上来说，地湖契约文书类型多样，涉及社会生活的方方面面，且与清水江流域其他地方的契约文书并无多大差异。经整理，对其类型归类如下：卖油树、荒山及其他山地契约；典当山田契；分关分文；借契；卖杉木、养木契；卖阴地契；卖房屋地基契；卖栽手契；买田契；产业清单；卖屋场地基契；过继契；退字；婚书；拨约字；除帖字；过亩清单；散息虑后字；迁徙证明；限字；业户执照；纳税凭单；土地管业执照；田赋及借粮收据等类型。

清水江文书特点、体例结构、凭中的角色与地位、契约文书中所蕴含的生态知识、清水江文书的概念、研究现状以及涉及的民间法等问题，在前人的研究中亦有较多论述，此处不再赘述。以下重点对"除贴字""过亩清单"类型的契约文书进行介绍。

1. 除贴字

陈洪波和杨存林两位学者认为："除贴字，既不是正规契约，也不是官府出具的纳税凭据，但它是约束某一方行为的协议，是一种契约行为。除贴字签订的原因是由于土地财产是需要向官府纳税的，而土地买卖已在私人之间进行了交易，这种原土地产权人的纳税义务，就需要转入购买土地人的户头上，购买土地人怕纳税后，又恐产生争议，请原土地产权人立下的字据。"[4]两位学者大致将"除贴字"的效用及签订原因解释清楚了，笔者也认同这样的解释。若要更通俗地解释"除贴字"，就是财产出卖方（卖主）将原先所承担的赋税义务，在土地产权交易的过程中，一同转移给了财产承买方（买主）。卖主在让出土地产权的同时，也卸掉了纳税的义务；买主在获得土地的产权同时，也相应承担起了向官府缴纳赋税的义务。

**契2** 立除贴字人唐通勋。今因除到口三六甲，除出亩名唐勋礼户内，除出毛亩八分整，本里本甲唐通斌户内收当。今欲有凭，立除帖是实。

凭中　唐李氏　唐仁伟　唐通富　孙家隆

亲笔　通勋

光绪二十二年十一月十八日　立除

**契3** 立卖水田契人蒋光振。今因家下缺少用度，无从得出，将到自己念上之业，土名：冲线盘上，水田一去，大小十一丘，计谷柒石六斗正，载税毛

亩贰分贰厘。今开四抵：上抵吴信荒山，下抵吴姓水田，左抵光远水田，右抵吴姓水田，四抵分明，并无包写他人寸土在内，欲行出卖，无人承受。自己请中问到吴明经名下承买为业。当日凭中三面言定卖价钱拾伍仟八百八十文正。其钱亲领入手。其业任从买主耕管为业。日后不得异言，卖主一面承当，不干买主之事。今幸有凭，立此卖契为据。

全日随契分文领足，领不另书，所领是实。

立除帖字人蒋光振。今因除出会同县口四里九甲地会贰分贰厘过与明金户内承当。所过是实。

　　　　　　　　房亲　蒋光求
　　　　　　　　凭中　吴受锦　朱昌福
　　　　　　　　亲笔

中华民国十二年二月二十九日　　立卖

契2和契3都有除贴字，只不过契2是一份单独的"除贴字"，而契3则是把"除贴字"作为契尾，一并写在田土买卖契约文书的最后。在笔者收录的这399份契约文书中，共有59份按照契3方式书写"除贴字"，而单独的"除贴字"仅有契2这1份。这两种"除贴字"的差异何在，因笔者未掌握更多资料佐证，不敢妄言。

2. 过亩清单

过亩清单（或写成"过亩底单"）是与除贴字相互对应的一种文书，是田土交易后，买方付当年的田赋清单。类似于去官府办理田税过户的原始证明或凭证。一般只在于田的交易过程中出现，而其他诸如买房屋、地基、油山、杉木等契中未曾见到有过开过亩清单的情况。过亩清单中，一般会载明"某户或某某某多户内除税多少亩或多少分，文书中的最后一个人内收税多少亩或多少分"。例如：下文契4是清宣统二年（1910）八月某日立的"过亩底单"文书，契中天柱县兴文里中八甲初发户内除税8分、下八甲的吴己未内除税8分、下八甲吴开先内除税6分，合计税2亩2分，吴伯发收3户税2亩2分。3户所除税亩的总数刚好等于吴伯发内收的总数。因没有其他资料佐证，我们无从知晓吴伯发是通过何种方式取得了上述3户2亩2分田的产权的，但可以肯定的是，吴伯发拿着这份过亩底单去官府办理田税过户后，今后，这2亩2分田税就得由他来承担了，他就变成了这2亩2分田田赋的责任人了。

**契4** 宣统二年八月吉日 过亩底单

兴文里中八甲 初发户 原税陆亩二厘五毛,内除税捌分,实在(载)税五亩贰分贰厘伍毛;

下八甲吴已未原税壹亩柒分玖厘捌毛,内除税捌分,实在(载)税玖分玖厘捌毛;

下八甲吴开先原税肆亩二分,内除税陆分,实在(载)税叁亩陆分;

入下八甲新立 吴伯发初收三户税贰亩贰分,实在(载)税贰亩贰分。

宣统二年八月吉日 周炳南 推

**契5** 民国十九年十二月十八日 过亩抵单(俟省单领到补换)

文下下八 吴增极 原税伍亩正,内除税伍分正,实税肆亩伍分正;

本甲 吴三茂 原税叁亩壹分〇捌毛,内除税叁分正,实税贰亩捌分〇捌毛;

本甲 吴伯发 原税陆亩伍分正,内收二户税捌分正,实在[1]税柒亩叁分正。

民国十九年古历十二月十九日 姚天佑 抵

契5的情况与契4的基本情况类似,民国十九年(1930)十二月十九日,吴伯发从吴增极和吴三茂户头中内收税8分正。但仔细对比两份契约后发现,契4中吴伯发属于新立户,他所承担的总税亩也就是内收的那2亩2分,但到了民国十九年(1930)十二月十九日,吴伯发已经算是老户主了,原税已有6亩5分正了,在加上民国十九年从吴增极和吴三茂户头中内收的8分,总载税已达7亩3分。

通过这些除帖字、过亩清单契约文书的分析,可知,上述类型的契约文书,"不仅具有对私有财产协商解决机制的功能,同时也具有保障国家田赋征收的协同解决机制功能。"[5]在确保土地正常流转的同时,也确保了田赋的正常上缴。买主在获取田使用权的同时,也同样承担了缴纳田赋的义务。而卖主在让出使用权的同时,也同样转移了田赋的责任。契约中隐含的这种内在逻辑,在其他地区的契约文书中都能得到体现。

但地湖乡属于插花地社区,山林田土、房屋住所犬牙交错,三管团、桥冲、甑家墓等村寨一村住两籍的情况比比皆是。因此,在处理田地使用权的使用,就出现了"地籍固定,使用人随意"的现象。

### 三、"地籍固定,粮随田走":一户拥有两籍田土

上文已将"除贴字"性质、类型以及签订的原因进行了分析,但进一步

分析"除贴字"后，还发现地湖地权问题的一个有趣现象，笔者称之为"地籍固定，粮随田走，一户拥有两籍田土"。契3中，湖南会同籍蒋光振，将会同县籍的田卖给了贵州人吴明金，若按照"地随人走"来处理的话，这丘田就应该跟随吴明金户籍，改隶贵州籍了。但事实上并非如此，贵州人吴明金新购的这块土地仍旧属于湖南会同，该田的田赋仍需去湖南会同缴纳，而非跟着户籍去贵州天柱缴纳。

若契3还不能充分说明上述情况的话，那么下文契6"道光二十二年十月初五日吴修远、吴修道分地契"则更好地说明此问题。

**契6** 道光二十二年十月初五日吴修远、吴修道分地契

天柱县：共亩伍拾捌亩九分七厘修远、修道各分该贰十九亩四分八厘五毛

会同县：共亩叁拾叁亩九分八厘贰毛修远、修道各分该十六亩九分九厘一毛

兄 吴修远 收当

天柱县兴文里十甲户集尧亩贰十九厶四分八厘五毛

又收当会同县口四九甲花户

吴国明亩三厶九分正；吴国湖亩四亩九分正；吴旺明亩三亩六分正；十甲吴魁仕亩四亩五分九厘一毛正。

胞弟 修道 收当

兴文里二十甲户父文见亩贰十玖亩四分八厘五毛正

又收当

会同县口四九甲花户吴文见亩四亩八分六厘三毛正；吴国林亩四亩九分正；吴国江亩四亩九分正；吴其山亩贰亩三分贰厘八毛正。

道光二十二年拾月初五日

契6来自地湖永光吴德甫家，世代系贵州籍，按照地湖吴氏宗族"集修顺受，明宗德宜"班辈排序，契中吴修远、吴修道系吴德甫的五世祖。此份契约清楚地载明，吴德甫六世祖遗留有天柱籍田土58亩9分7厘，会同籍田土33亩9分8厘2毛；析分后，吴修远、吴修道两兄弟各分得天柱籍土地29亩4分8厘5毛，会同籍土地16亩9分9厘1毛。若插花地社区的地籍不固定的话，在契6中也就没有必要如此详细的载明天柱籍土地多少亩，会同籍土地多少亩。而如此载明，则表明在最初土地确权时，地籍就已经固定了，不能随人走。但

因插花地社区不同籍贯的人同住一村的现象比比皆是，涉及田土买卖的情况也是习以为常的事情，为防止在土地买卖过程中，土地权属混乱，故采取的策略是"地籍固定、粮随田走"，只要如实向土地所属地的官府缴纳赋税，土地使用人既可是贵州人，也可是湖南人。

**契7　民国三十二年六月初二日蒋光皎卖水田契**

立卖水田契人蒋光皎。今因缺少用度，无从得出，是以，母子商议，情愿将到自己分上之业，土名：白蜡冲，水田贰处，大小拾伍坵。上份：上抵明昶油树塆，下抵焕周水田，左抵明上油山，右抵明伦油山；下份：上抵蒋姓众田，隔抵吴宗戬水田壹坵，下抵岩洞，左抵荒山，右抵明伦油山，四坻分明，载税天柱县粮照清丈亩计谷陆石。凭中议价洋壹仟陆佰一拾八元八角，卖与吴受权、吴受增名下承买为业，耕管无异。其洋亲领入手。日后不得异言反悔。如有房亲言论，卖业人一面承当，不干买主之事。今幸有凭，立此卖契为据。

契内之洋一并领清，领不另书，所领是实。

立除帖人蒋光皎。今因除到天柱县蒋焕常、蒋竹亭二户粮，照清丈过亩所除与吴受增名下收当完纳。是实。

凭房亲　蒋光凤　蒋焕常
凭中　吴再麟
亲笔

中华民国三十二年六月初二日立

契7中，蒋光皎将土名白蜡冲大小15丘水田卖给吴受权、吴受增名下承当。且在契尾的除帖字中交待，这15丘田的原户主为蒋焕常和蒋竹亭，而非蒋光皎，通过此次买卖，将这些田的纳税义务转移给了吴受增名下收当完纳。笔者在田野调查中得知，在地湖，但凡姓蒋的，都是湖南会同人。而契中载明"天柱县蒋焕常、蒋竹亭二户粮"，容易让人误以为蒋焕常、蒋竹亭二人为天柱人，其实不然，蒋焕常和蒋竹亭二人系湖南会同人，只是两人此前在土地买卖中，将白蜡冲这15丘属于天柱籍的田买入自家门下，耕管为业，后又将此处田转卖给了蒋光皎耕管，再到本次交易，蒋光皎将此处田卖给了吴受权和吴受增门下。如此频繁的买卖，产权人换了一批又一批（有湖南的，有贵州的），但不管怎样，此处田的田籍，依旧载明"天柱"二字。

通过分析上述几张契约，至少可说明如下两个问题：其一，插花地并非一直是行政管理的真空地，行政部门在管理插花地这样的特殊地段时，采取了有别于其他地方的管理模式罢了，体现出国家行政机构张力性的一面；其二，插花地社区的地籍其实是固定的，并非随意随人走。

四、余论

在上文中，笔者虽一直在介绍插花地地湖契约文书的类型、特征等问题，但在梳理这些契约文书的过程中，一直觉得，这些契约文书的背后所反映的，实际上是不同时期居住在插花地社区的人群，围绕着"人与土""土与权"的问题建构起了各种社会关系。而这种社会关系的背后，可能就是中央王朝推行的土地制度和政策，如何塑造或改变了地方社会的日常生活实践的这样的一个社会文化历史过程。张应强教授曾指出："在传统中国社会结构中，地权关系是王朝典章制度背景下社会关系构成的重要基础，是标识地方社会土地所有权来源合法性及其关系转变的关键性因素。"[6]张佩国教授也曾有过类似的论述："地权是乡村社会历史变迁的全息元，即地权蕴涵了乡村社会历史的全部信息含量。"[7]从他们的表述中，可知地权作为一种长期存在的关系结构，一直影响着地方社会的自我建构，以及在日常生活实践中进行自我表达的方式。

插花地，作为国家行政建置中的一种特殊的社会现象，土地问题显得更加突出，地权如何确定、土地如何流转等问题，一直交织于插花地社区的日常生活实践之中。契约文书则是对土地流转等问题的最原真的记载，真实地记载着历史时期以来日常生活实践的具体过程，因此，我们在分析这些契约文书的时候，能否围绕"人""地""权"相关问题及其背后所隐含的复杂的社会关系展开论述，旨在透过契约文书文本去探究村落社会的日常生活逻辑。除此之外，还辅以关注契约文书产生的时间和空间，从而形成清水江文书研究的"五位一体"范式。此种范式的研究，能否算是清水江文书研究的新思路，笔者还得求教方家。

注释：

［1］(清)王复宗.[康熙]《天柱县治》(卷二)[M].台北：成文出版社，1968:56—57.

［2］吴才茂，龙泽江.清代清水江下游天柱吴家堡苗族村落土地契约文

书的调查与研究[J].原生态民族文化学刊.2011（1）：45—51.

[3]赵世瑜.清水江文书在重建中国历史叙述上的意义[J].原生态民族文化学刊.2015（4）：1—4.

[4]陈洪波，杨存林.清水江文书数据库质量控制的实现[J].兰台世界.2014（2）：89—90.

[5]陈洪波，龙泽江，吴声镕.从除贴字等看清代贵州天柱地区田赋实征[J].原生态民族文化学刊.2016（1）：32—39.

[6]张应强.木材之流动：清代清水江下游地区的市场、权力和社会[M].北京：生活·读书·新知三联书店，2006：8.

[7]张佩国.近代江南乡村地权的历史人类学研究[M].上海：上海人民出版社，2002：1.

甄家墓村蒋坤力家藏文书

# 道光二十五年二月二十日蒋日相卖油树契

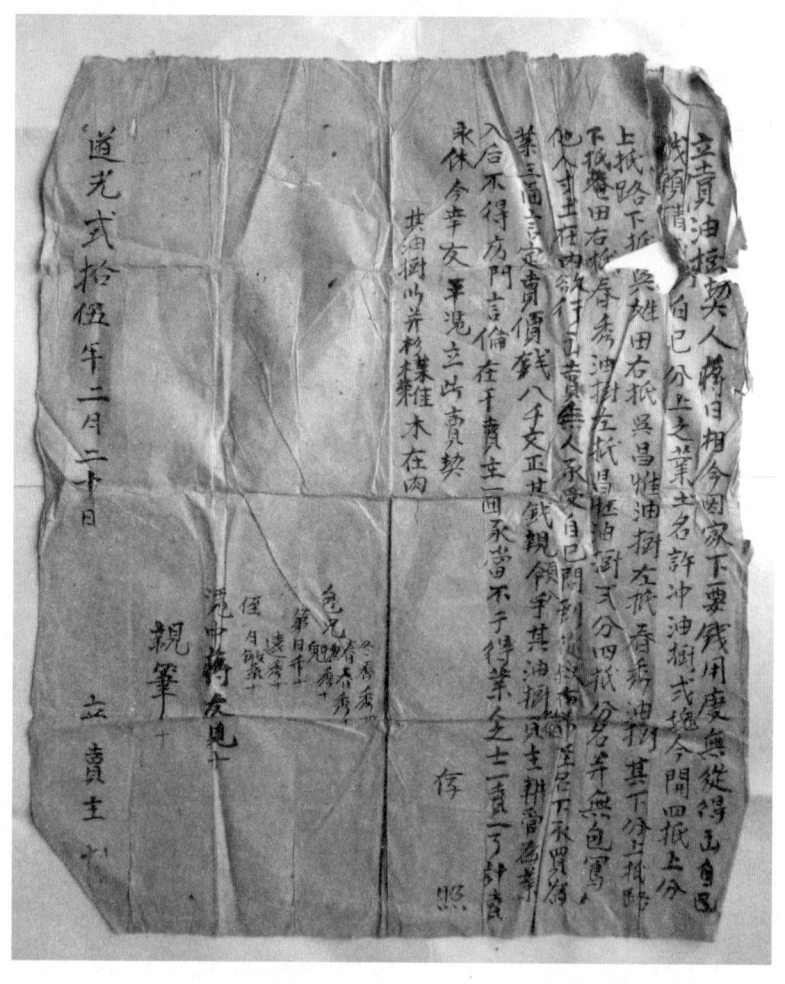

立卖油树契人蒋日相，今因家下要钱用度，无从得出。自己情愿将到自己分上之业，土名：许冲，油树弐块。今开四抵：上分（份）：上抵路，下抵吴姓田，右抵吴昌惟油树，左抵春秀油树；其下分（份）：上抵路，下抵慈（庵）田，右抵春秀油树，左抵昌怀油树，弐分（份）四抵分名（明），并无包写他人寸土在内，欲行出卖，无人承受。自己问到从叔希圣名下承买为业。三面言定卖价钱八千文正。其钱亲领入手，其油树任从买主耕管为业。入（日）后，不得房门言论，在干（于）卖主一面承当，不干得业人之士（事）。一卖一了，计（既）卖永休。今幸友（有）凭，立此卖契存照。

其油树以（一）并杉样杂木在肉（内）。

　　　　　　　　　冬春秀
　　包（胞）兄　春春秀
　　　　　　　　　魁秀
　　第（弟）　曰升
　　　　　　　　远秀
　　侄　　日繁
　　凭中　蒋友见
　　亲笔

道光式拾伍年二月二十日　立卖主[1]

[1]此处多一个"主"字。

# 同治十年十二月十四日蒋门吴氏拓妹母子卖田契

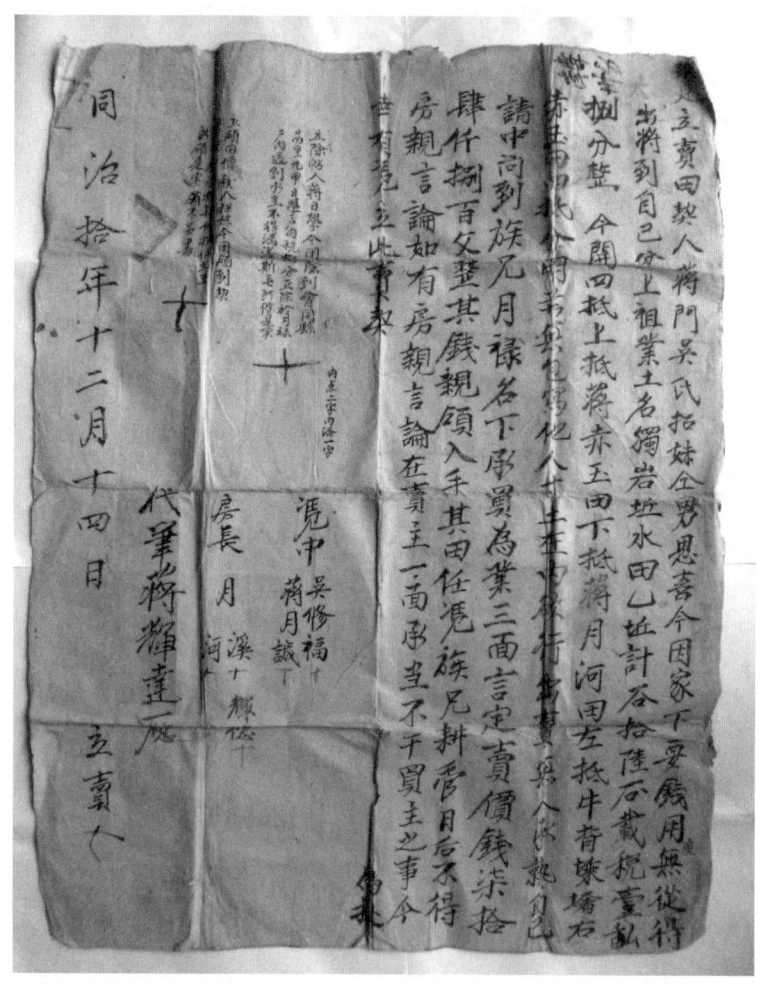

立卖田契人蒋门吴氏拓妹同男恩喜，今因家下要钱用度，无从得出。将到自己分上祖业，土名：独岩坵，水田一坵，计谷拾陆石，载税壹亩捌分整。今开四抵：上抵蒋赤玉田，下抵蒋月河田，左抵牛背堘塝[1]，右[抵]赤玉田，四抵分明，并无包写他人寸土在内，欲行出卖，无人承孰（受）。自己请中问到族兄月禄名下承买为业。三面言定卖价钱柒拾肆仟捌百文整。其钱亲领入手，其田任凭族兄耕管。日后，不得房亲言论。如有房亲言论，在卖主一面承当，不干买主之事。今幸有凭，立此卖契为据。

内点二字，内添一字。

立除帖人蒋日学，今因除到会同县口四里九甲日学户内税捌分正，除于月禄户内过割承当，不得漏落斯毛（丝毫），所除是实。

立领田价钱人拓妹，今因领到契内田价钱柒拾肆仟捌伯（佰）文正。所领是实,领不另书。

凭中　吴修福
　　　蒋月诚
房长　月溪河
　　　　辉□
代笔　蒋辉达□

同治拾年十二月十四日　立卖

[1]文书中的"塮"为当地人生造字,当地读"shā",意为"种菜的地"。

# 同治十三年八月二十一日吴受荣卖荒山契

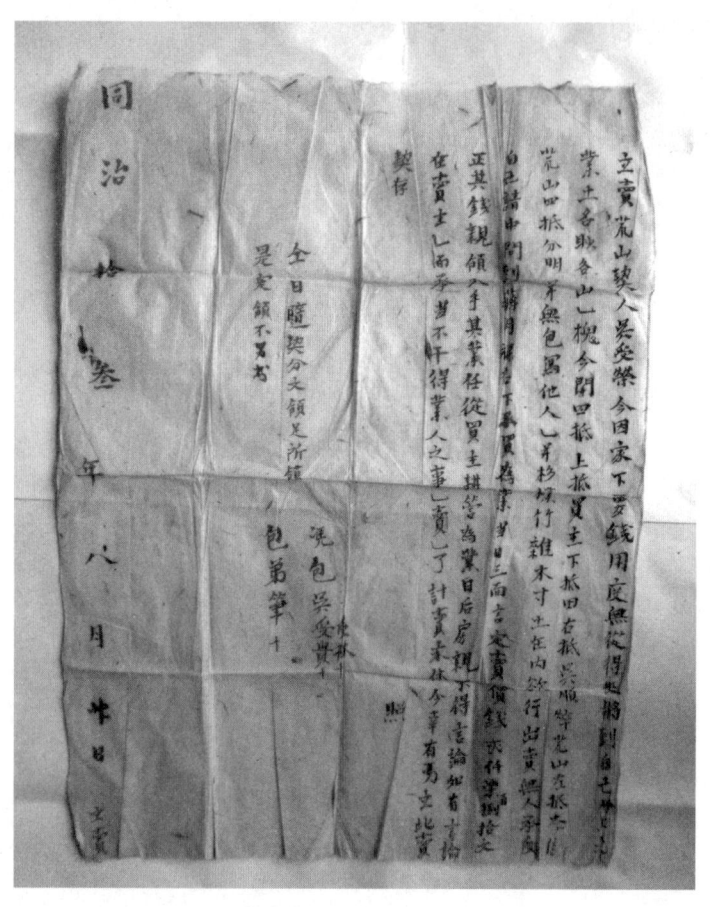

立卖荒山契人吴受荣，今因家下要钱用度，无从得处（出）。将到自己分上之业，土名：耖各，山一槐（块）。今开四抵：上抵买主，下抵田，右抵吴顺焠荒山，左抵李信（姓）荒山，四抵分明，并无包写他人一并杉样、竹、杂木、寸土在内，欲行出卖，无人承受。自己请中问到蒋月禄名下承买为业。当日三面言定卖价钱式仟柒百捌拾文正。其钱亲手领入手，其业任从买主耕管为业。日后，房亲不得言论。如有言论，在卖主一面承当，不干得业人之事。一卖一了，计（既）卖永休。今幸有凭，立此卖契存照。同日随契分文领足，所领是实，领不另书。

凭包（胞） 吴 受林/受贵

包（胞）弟 笔

同治拾叁年八月廿一日　立卖

# 光绪十三年十二月十一日吴蒋氏爱妹母子卖田契

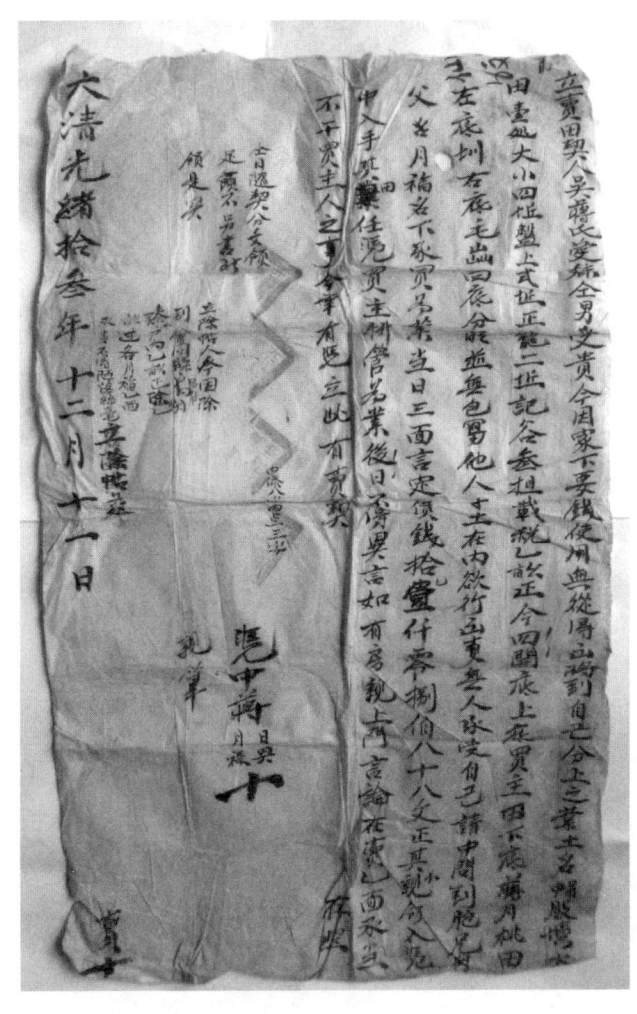

立卖田契人吴蒋氏爱妹同男受贵,今因家下要钱使用,无从得出。将到自己分上之业,土名:帽股塆[1],水田壹处,大小四坵,盘上式坵,正龙二坵,记(计)谷叁担,载税一亩正。今开四底(抵):上底(抵)买主田,下底(抵)蒋月桃田,左底(抵)圳,右底(抵)毛山,四底(抵)分明,并无包写他人寸土在内,欲行出卖,无人承受。自己请中问到胞兄□父月福名下承买为业。当日三面言定价钱拾一仟零捌伯(佰)八十八文正。其钱亲领凭中[2]入手,其田任凭买主耕管为业。日后,不得异言。如有房亲上门言论,在卖[主]一面承当,不干买主人之事。今幸有凭,立此有卖契存照。

内添八字,内点三字。
同日随契分文领足,领不另书,所领是实。
立除帖人,今因除到会同县口四[里]九甲月臻户内一亩正,除□一亩过各(割)月福一面承当,不得陋落(遗漏)丝毫,立除帖处。

　　　　　　凭中　蒋日兴
　　　　　　　　　　月禄
　　　　　　亲笔

大清光绪拾叁年十二月十一日　　卖

［1］"帽股塝"，又写成"帽古塝"。
［2］此处应为"凭中亲领"。

# 民国三年七月二十三日吴蒋氏卖水田契

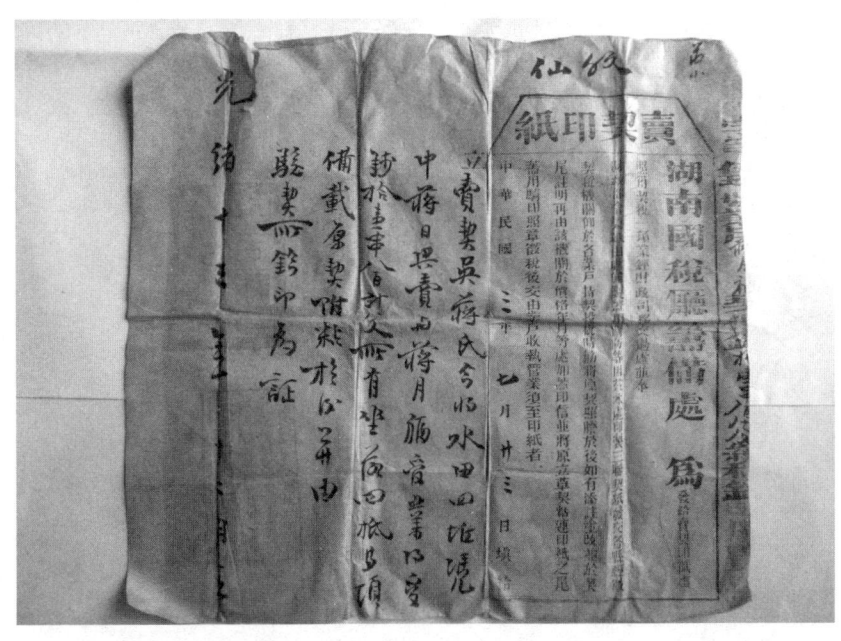

卖契印纸

湖南国税厅筹备处为发给卖契印纸书。

照得契税一项业经财政司移交过处并奉：

财政部令契纸由处备制盖用关所等因兹水处印制三县契纸发交各县，经征契税机关印於各业户，持契投税时节，将原契照誊於后，如有添注涂改并於契尾注明，再由该机关於价格年月等处加盖印信，并将原立草契粘连印纸之尾盖用骑印照章征税后，交由业户收执管业须至印纸者。

中华民国三年七月廿三日　填给

立卖契吴蒋氏，今将水田四坵，凭中蒋日兴卖与蒋月福管业，得受肆拾壹串八百肆八百计八文，所有坐落四抵等项，备载原契附粘于后，并由验契所铅（签）印为证。

光绪十三年十二月　立

# 民国三年九月十九日吴蒋氏卖水田契

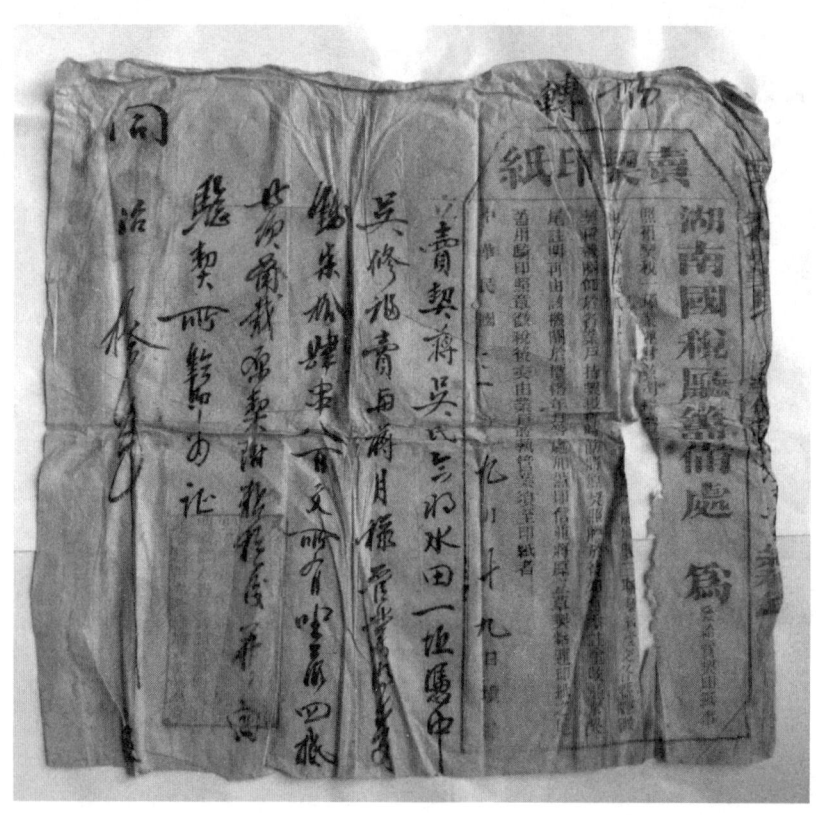

卖契印纸

湖南国税厅筹备处为发给卖契印纸书。

照得契税一项业经财政司移交过处并奉：

财政部令契纸由处备制盖用关所等因兹水处印制三县契纸发交各县，经征契税机关於各业户，持契投税时节，将原契照誊於后，如有添注涂改并於契尾注明，再由该机关於价格年月等处加盖印信，并将原立草契粘连印纸之尾盖用骑印照章征税后，交由业户收执管业须至印纸者。

中华民国三年九月十九日　填给

立卖契蒋吴氏，今将水田一坵，凭中吴修福卖与蒋月禄管业，得受钱柒拾肆串八百文。所有坐落四抵等项，备载原契附粘于后，并由验契所铅（签）印为证。

同治拾年　立
中华民国三年九月十九日

## 民国五年十一月十一日吴受环卖堵契

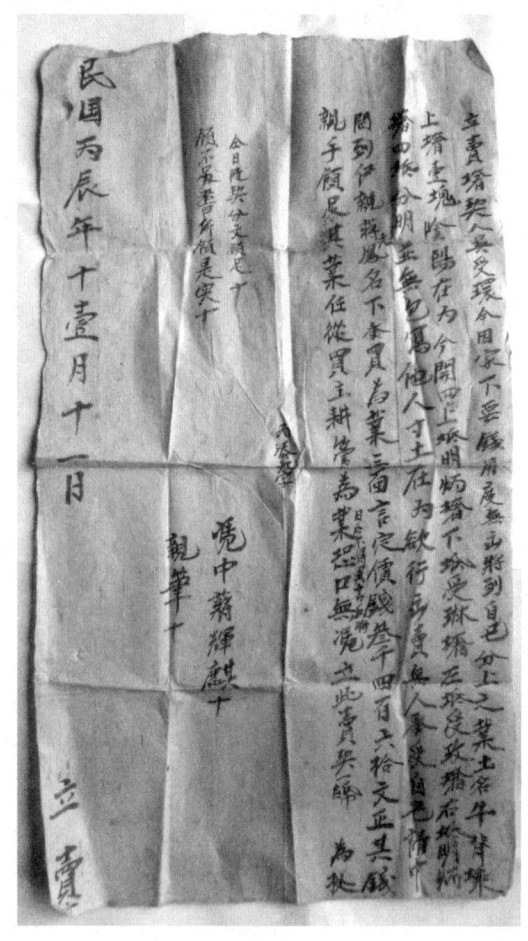

立卖堵契人吴受环，今因家下要钱用度，无出。将到自己分上之业，土名：牛背塽上，堵壹块，阴阳[1]在内。今开四坻（抵）：上坻（抵）明炳堵，下坻（抵）受琳堵，左坻（抵）受玫堵，右坻（抵）明炳堵，四坻（抵）分明，并无包写他人寸土在内，欲行出卖，无人承受。自己请中问到伊亲蒋光凤名下承买为业。三面言定价钱叁千四百六拾文正。其钱亲手领足，其业任从买主耕管为业。日后，不得异言反悔。恐口无凭，立此卖契一纸为据。

内添九字。

同日随契分文领足，领不另书，所领是实。

凭中　蒋辉麒
亲笔

民国丙辰年十壹月十一日　立卖

[1]"阴阳"，此处指的是"阴山"和"阳山"。在地湖，将山分为"阴山"和"阳山"两类，"阴山"一般指进葬之地；"阳山"一般指建造房屋之地。

# 民国十五年十一月十五日蒋刘氏卖油树养木契

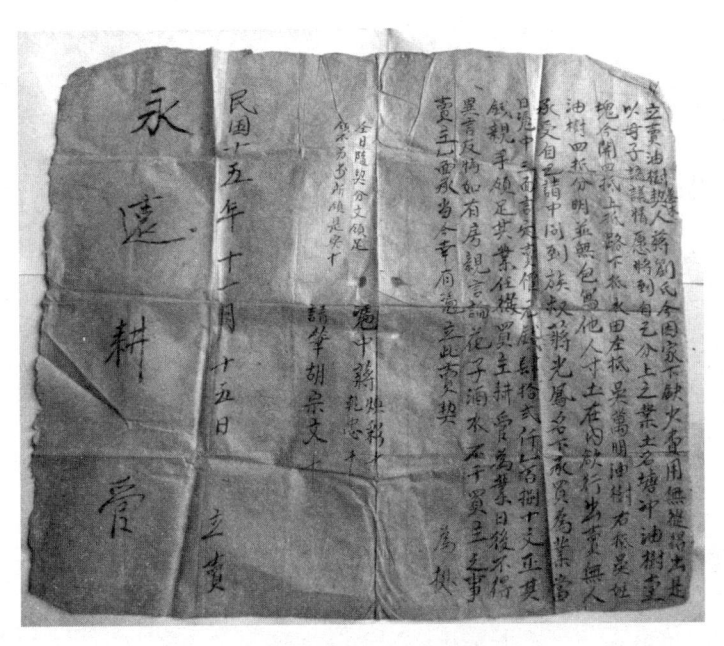

　　立卖油树、养木契人蒋刘氏，今因家下缺少费用，无从得出。是以，母子商议，情愿将到自己分上之业，土名：塘冲，油树壹块。今开四抵：上抵路，下抵水田，左抵吴万明油树，右抵吴姓油树，四抵分明，并无包写他人寸土在内，欲行出卖，无人承受。自己请中问到族叔蒋光凤名下承买为业。当日凭中三面言定卖价元钱肆拾式仟一百捌十文正。其钱亲手领足，其业任从买主耕管为业。日后，不得异言反悔。如有房亲言论，花子（字）酒水，不干买主之事，卖主一面承当。今幸有凭，立此卖契为据。

　　同日随契分文领足，领不另书，所领是实。

凭中　蒋 焕彩
　　　　 乾忠

请笔　胡宗文

民国十五年十一月十五日　立卖
永远耕管

# 民国二十四年三月二十八日吴受锜卖水田契

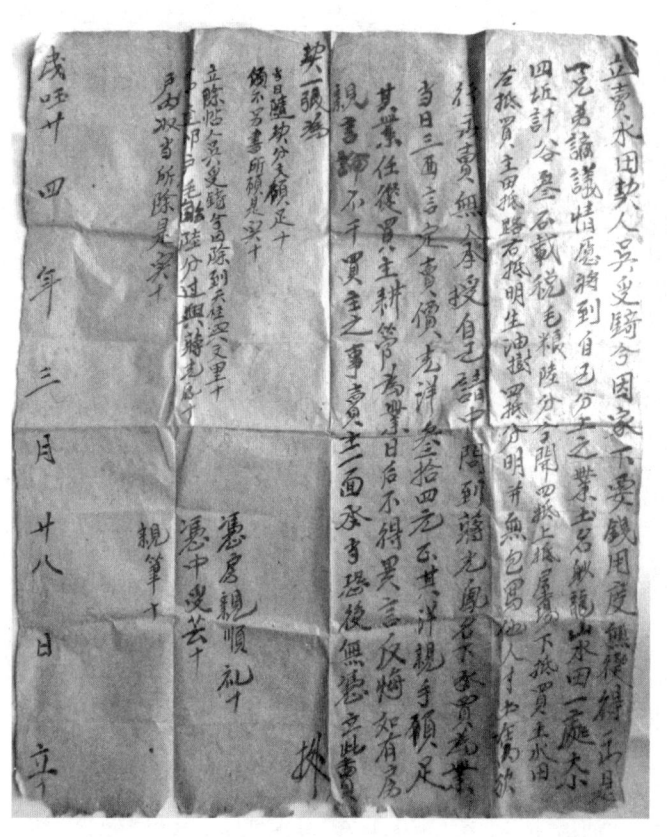

　　立卖水田契人吴受锜，今因家下要钱用度，无从得出。是以，兄弟商议，情愿将到自己分上之业，土名：蚼龙山，水田一处，大小四坵，计谷叁石，载税毛粮陆分。今开四抵：上抵屋场，下抵买主水田，左抵买主田抵路，右抵明生油树，四抵分明，并无包写他人寸土在内，欲行出卖，无人承授（受）。自己请中问到蒋光凤名下承买为业。当日三面言定卖价光洋叁拾四元正。其洋亲手领足，其业任从买主耕管为业。日后，不得异言反悔。如有房亲言论，不干买主之事，卖主一面承当。恐后无凭，立此卖契一张为据。

　　当日随契分文领足，领不另书，所领是实。

　　立除帖人吴受锜，今因除到天柱兴文里十甲逢邻户毛亩陆分，过与蒋光凤户内收当，所除是实。

凭房亲　顺礼
凭中　　受芸
亲笔

民国廿四年三月廿八日　立

# 民国二十七年三月十六日
## 蒋焕楚、蒋焕南、蒋焕棠分关字

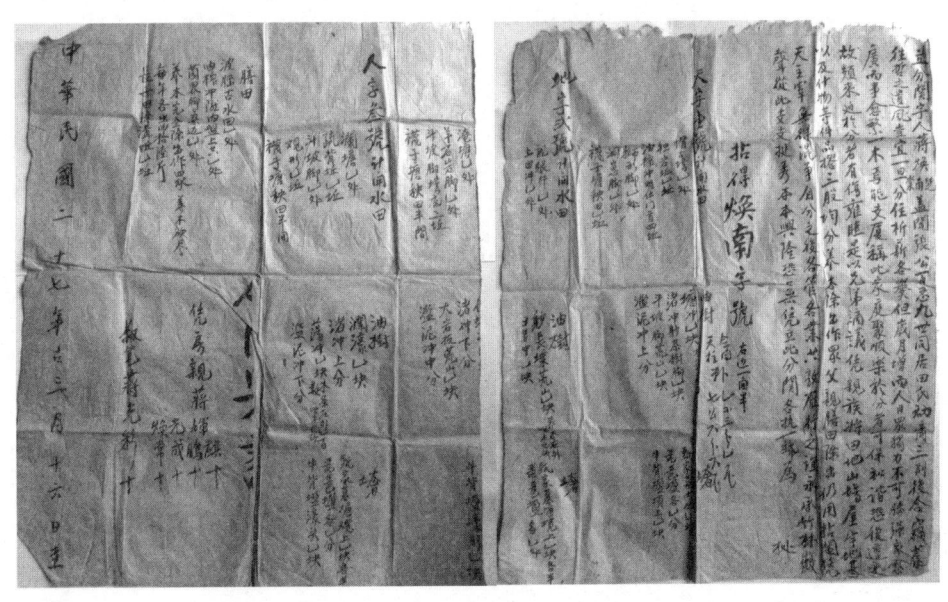

　　立分关字人蒋焕南<sup>楚</sup><sup>棠</sup>。盖闻张公百忍，九世同居；田氏初离三荆后，合窃恭往哲之遗风，岂宜。一旦分住，析薪各爨。但岁月增而人日（口）众，独力不可胜强，家愈广而事愈繁，一木焉能支厦，称此家庭。聚顺乐於分者，可保和谐。恐后遭（嬗）变，故频来迫於分者，有伤雍睦。是以，兄弟商议，凭亲族将田地、山场、屋宇、地基，以及什物[1]等件品，搭（搭）三股均分，养木除出作众，父亲膳田除出，仍用拈阄，凭天主宰，无得混争。自分之后，各管各业，共敦雁行之谊，永承竹林徽声，从此支支挺秀，本本兴隆。恐口无凭，立此分关，各执一纸为据。

　　拈得焕南字号

　　右边一间半

　　会同<sup>粮</sup>　一亩三分一厘

　　天柱　七么（亩）六分九厘

天字壹号计开

水田：帽古塆一处；独岩坵一坵；油榨冲明仕门首四坵；狮形脚一处；洞崽脚一处；襪子塘秧田一坵。

油树：塘冲一块，木条在内；渚冲蚪茶树脚一块；斗坡脚荒山一块；滥泥冲上分。

墡：甄家墓内分一块；琵琶楹各一分；牛背楹顶上一块。

地字弍号计开

水田：龙眼井一处；上田冲一处；淹塘一处；羊石岩脚一处；斗坡脚塆底二坵；襪子塘秧田半间。

油树：蚪长塠荒山一块，养木在外，此木已砍；白腊冲一块；渚冲下分；大岩扳荒山一块，滥泥冲中分。

墡：甄家墓塘埂上一块各半；琵琶楹各一处；牛背楹濠形一块。

人字叁号计开

水田：澜塘一处；疏背坵一坵；斗坡脚一处；观形一坵；襪子塘秧田半间。

油树：澜濠一块；渚冲上分；荡冲一块，木条在外一百数，此木已砍；澜泥冲下分。

墡：甄家墓塘埂上一块各半；琵琶楹各一分；牛背楹濠头一块。

膳田：波脑古水田一处；油榨冲陇内盘上共一处；园界脚桑边一处；养木完全除出作众，养木砍尽；每年各出油拾陆斤；长子田除沟坵一坵。

凭房亲　蒋 麒辉　鹏　光成　焕常

叔笔　蒋光彩

中华民国二十七年古三月十六日　立

［1］"什物"，疑为"实物"。

# 民国二十九年六月十三日蒋吴氏升凤当水田契

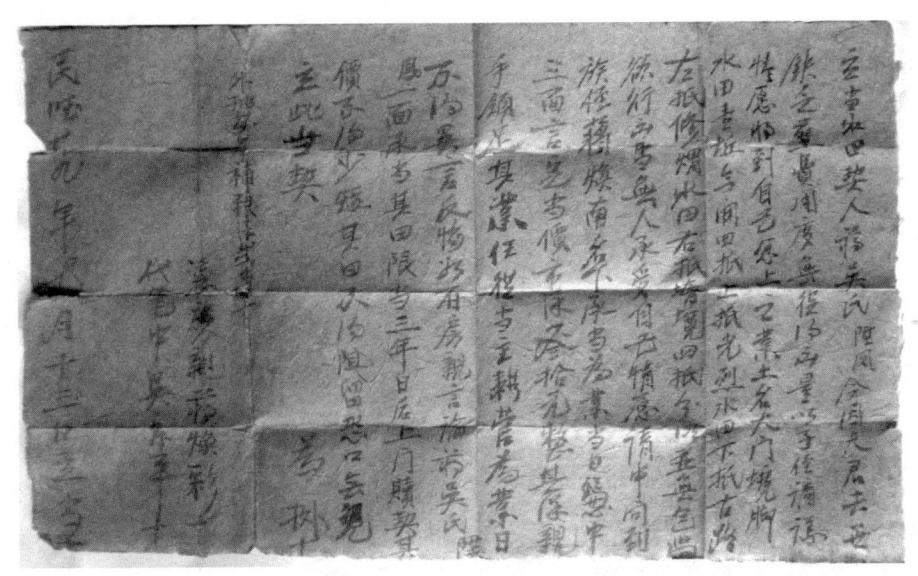

　　立当水田契人蒋吴氏升凤，今因夫君去世，缺乏葬费用度，无从得出。是以，子侄商议，情愿将到自己忿（分）上之业，土名：大门墕脚，水田壹坵。今开四抵：上抵光烈水田，下抵古路，左抵修焻水田，右抵塝墕，四抵分明，并无包写，欲行出当，无人承受。自己情愿请中问到族侄蒋焕南名下承当为业。当日凭中三面言定当价市洋叁拾元整。其洋亲手领足，其业任从当主耕管为业。日［后］不得异言反悔。如有房亲言论，蒋吴氏升凤一面承当。其田限当三年，日后上门赎契，其价不得少短。其田不得阻留。恐口无凭，立此当契为据。

　　外批：每年补粮洋弍角

凭房亲　蒋焕彩
代笔中　吴宗平

民国廿九年六月十三日　立当

# 民国三十年五月初十日蒋焕彩、蒋焕铣卖水田契

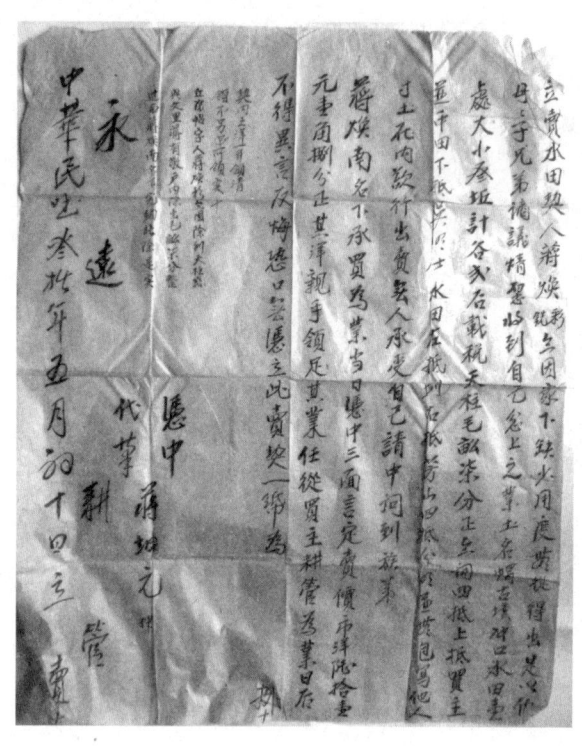

立卖水田契人蒋焕彩、蒋焕铣，今因家下缺少用度，无从得出。是以，伯母、母子、兄弟商议，情愿将到自己忿（分）上之业，土名：帽古塆冲口，水田壹处，大小叁坵，计谷弍石，载税天柱毛亩柒分正。今开四抵：上抵买主并中[1]田，下抵吴明仕水田，左抵圳，右抵芳（荒）山，四抵分明，并无包写他人寸土在内，欲行出卖，无人承受。自己请中问到族弟蒋焕南名下承买为业。当日凭中三面言定卖价市洋陆拾壹元壹角捌分正。其洋亲手领足，其业任从买主耕管为业。日后，不得异言反悔。恐口无凭。立此卖契一纸为据。

契内之洋一并领清，领不另书，所领[是]实。

立除帖字人蒋焕彩，今因除到天柱县兴文里蒋有敬户内，除出毛亩柒分整，过与蒋焕南名下完纳，所除是实。

凭中  
代笔　蒋坤元

永远耕管  
中华民国叁拾年五月初十日　立卖

[1]"中"，疑为"众"。

# 民国三十年十一月十七日蒋吴氏申凤、般全母子卖水田契

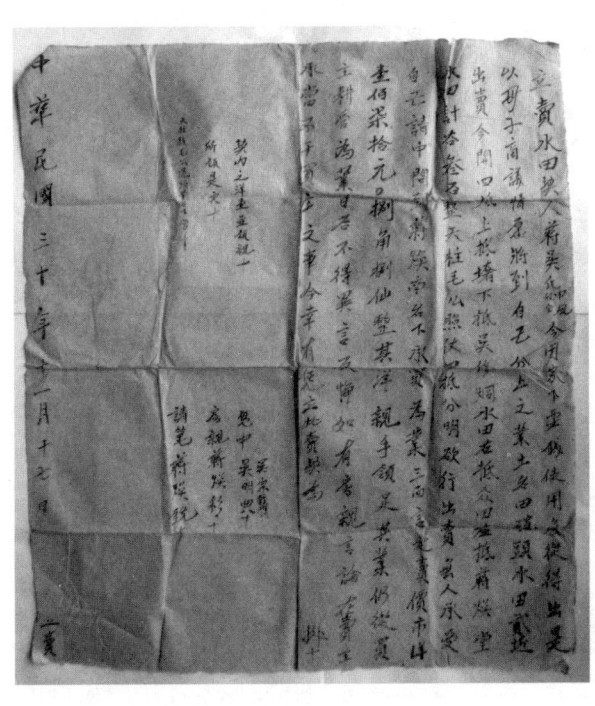

立卖水田契人蒋吴氏申凤、般全，今因家下要钱使用，无从得出。是以，母子商议，情愿将到自己分上之业，土名：田塝头，水田贰坵，出卖。今开四土坻（抵）：上抵塝，下抵吴修炯水田，右抵众田，左抵蒋焕堂水田，计谷叁石整，天柱县毛么[1]（亩）照仗，四抵分明，欲行出卖，无人承受。自己请中问到蒋焕南名下承买为业，三面言定卖价市洋壹佰柒拾元〇捌角捌仙整。其洋亲手领足，其业仍（任）从买主耕管为业。日后，不得异言反悔。如有房亲言论，在卖主承当，不干买主之事。今幸有凭，立此卖契为据。

契内之洋壹并领亲（清），所领是实。

天柱县毛么（亩）过焕南名下当。

凭中　吴宗戳
　　　吴明典
房亲　蒋焕彩
请笔　蒋焕铣

中华民国三十年十一月十七日　立卖

[1]"么"，在地湖等周边地方，旧时，"亩"简写"么"。

# 民国三十三年十二月十六日蒋乾添卖油山契

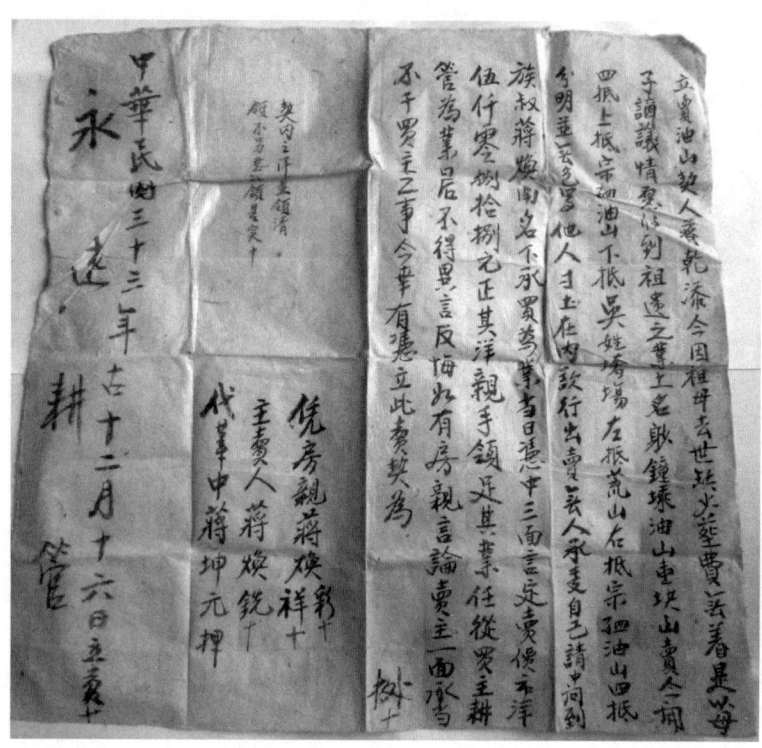

　　立卖油山契人蒋乾添，今因祖母去世，缺少葬费，无着[落]。是以，母子商议，情愿将到祖遗之业，土名：眇钟垅，油山壹块，出卖。今开四抵：上抵宗驷油山，下抵吴姓塪场，左抵荒山，右抵宗驷油山，四抵分明，并无包写他人寸土在内，欲行出卖，无人承受。自己请中问到族叔蒋焕南名下承买为业。当日凭中三面言定卖价市洋伍仟零捌拾捌元正。其洋亲手领足，其业任从买主耕管为业。日后，不得异言反悔。如有房亲言论，卖主一面承当，不干买主之事。今幸有凭，立此卖契为据。

　　契内之洋一并领清，领不另书，所领是实。

凭房亲　蒋焕彩/祥
主卖人　蒋焕铣
代笔中　蒋坤元　押

中华民国三十三年古十二月十六日　立卖
永远耕管

# 民国三十六年三月初六日蒋焕周卖水田契

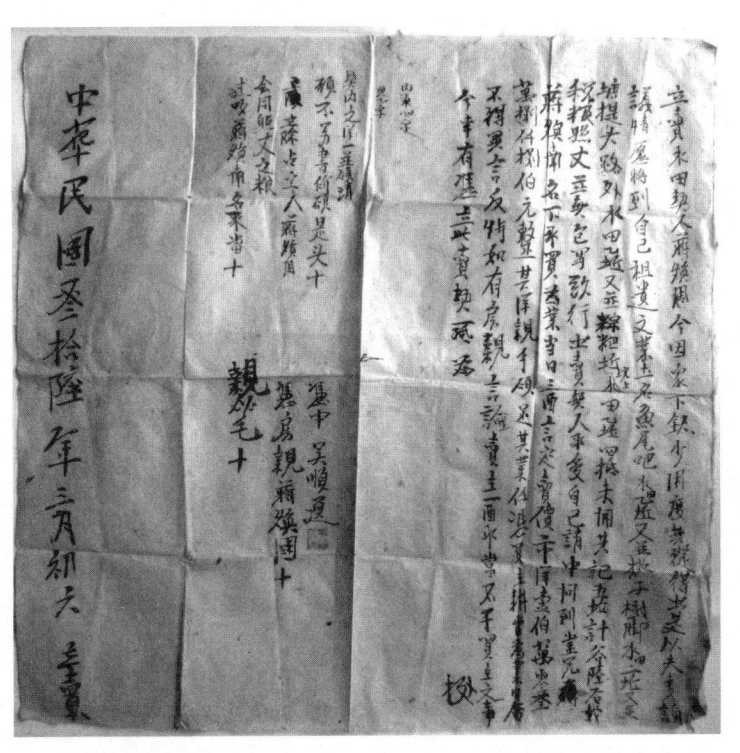

立卖水田契人蒋焕周，今因家下缺少用度，无从得出。是以，夫妻商议，情愿将到自己祖遗之业，土名：鱼尾吧（巴），水田一坵，又并桃子树脚，水田二坵，又并塘提头路外，水田一坵，又并粽粑坵堘上，水田一坵，四抵未开，共记（计）五坵，计谷陆石，载税粮照丈，并无包写，欲行出卖，无人承受。自己请中问到堂兄蒋焕南名下承买为业。当日三面言定卖价市洋壹柏（佰）万零叁万捌仟捌伯（佰）元整。其洋亲手领足，其业任凭买主耕管为业。日后，不得异言反悔。如有房亲言论，卖主一面承当，不干买主之事。今幸有凭，立此卖契一纸为据。

内添四字，典（点）一字。

契内之洋一并领清，领不另书，所领是头（实）。

立除占（贴）字人蒋焕周，会同照丈之粮，过与蒋焕南名下［承］当。

    凭中　吴顺囗
    凭房亲　蒋焕国
    亲笔

中华民国叁拾陆年三月初六　立卖

## 民国三十六年三月初八日蒋焕常卖屋场地基契

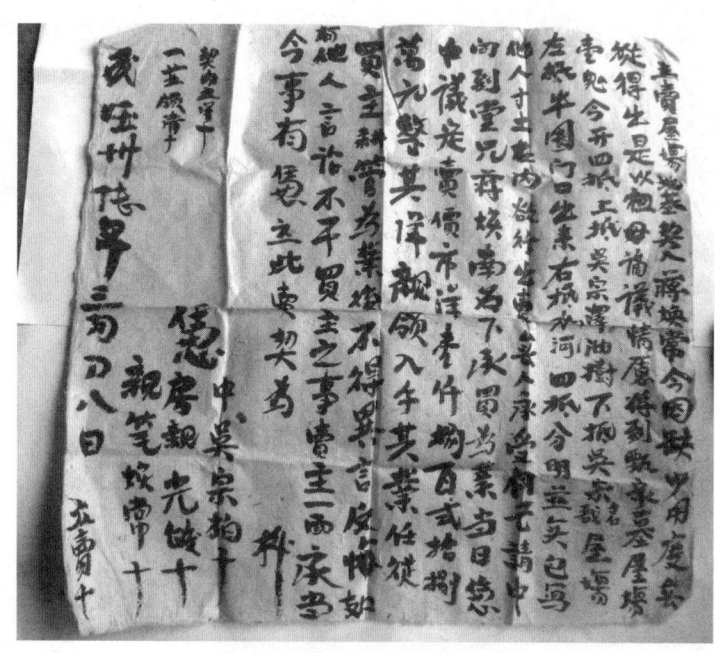

立卖屋场地基契人蒋焕常，今因缺少用度，无从得出。是以，祖母商议，情愿将到甄家墓屋场一块。今开四抵：上抵吴宗泽油树，下抵吴宗名戬屋场，左抵牛圈门口出来，右抵河水，四抵分明，并无包写他人寸土在内，欲行出卖，无人承受。自己请中问到堂兄蒋焕南名下承买为业。当日凭中议定卖价市洋壹仟捌百弐拾捌万元整。其洋亲领入手，其业任从买主耕管为业。[日]后，不得异言反悔。如有他人言论，不干买主之事，卖主一面承当。今事（幸）有凭，立此卖契为据。

契内之洋一并领清。

凭 中　吴宗柏
　　房亲　光皎

亲笔　焕常

民国卅陆年三月初八日　立卖

# 蒋焕文卖水田契（时间不详）

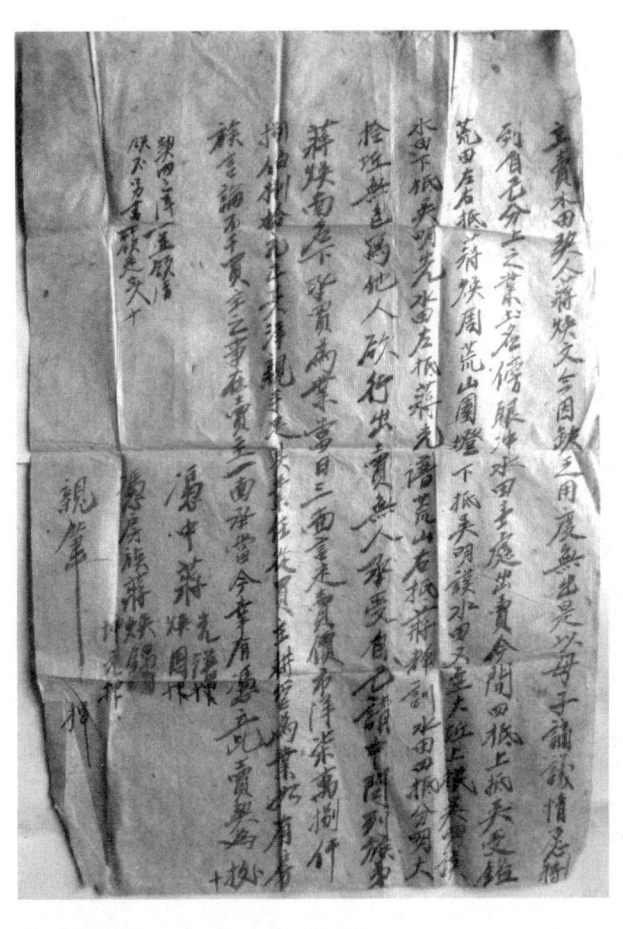

立卖水田契人蒋焕文，今因缺乏用度，无出。是以，母子商议，情愿将到自己分上之业，土名：傍眼冲，水田壹处，出卖。今开四抵：上抵吴受镒荒田，左右抵蒋焕周荒山、园墱，下抵吴明谟水田；又并大坵：上抵吴明谟水田，下抵吴明先水田，左抵蒋光谱荒山，右抵蒋辉训水田，四抵分明，大[小]拾坵，无包写他人[寸土在内]，欲行出卖，无人承受。自己请中问到族弟蒋焕南名下承买为业。当日三面言定卖价市洋柒万捌仟捌伯（佰）捌拾元正。其洋亲手[领]足，其业任从买主耕管为业。如有房族言论，不干买主之事，在卖主一面承当。

今幸有凭，立此卖契为据。

契内之洋一并领清，领不另书，所领是实。

凭中　蒋　光谱　焕周

凭房族　蒋　焕锦　坤元　押

亲笔　押

## 吴受□卖水田契（时间不详）

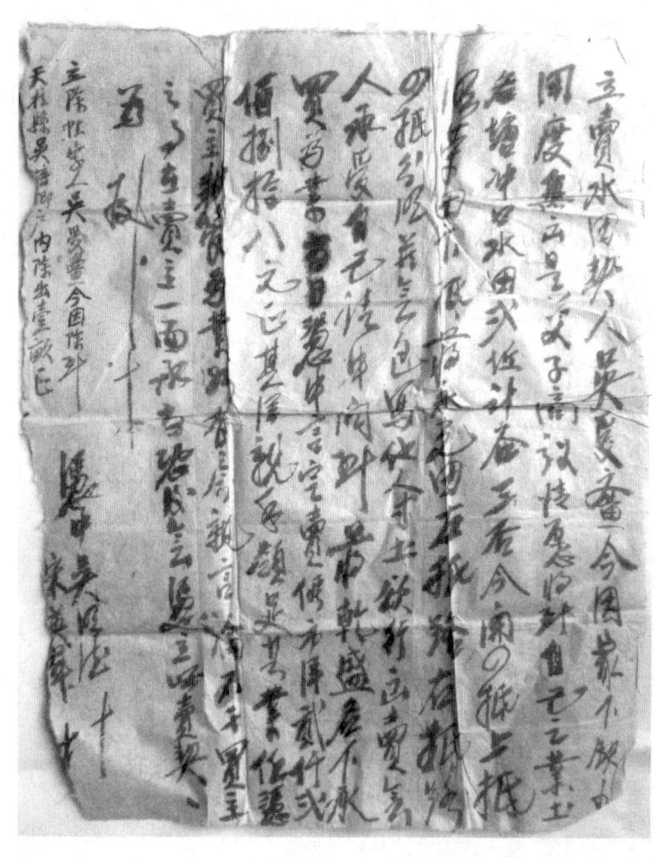

除到天柱县吴培卿户内除出壹亩正……

立卖水田契人吴受□，今因家下缺少用度，无出。是以，父子商议，情愿将到自己之业，土名：塘冲口，水田弍坵，计谷三石。今开四抵：上抵泽荣田，下抵蒋永光田，左抵路，右抵路，四抵分明，并无包写他人寸土，欲行出卖，无人承受。自己请中问到蒋乾盛名下承买为业。当日凭中言定卖价市洋贰仟弍佰捌拾八元正。其洋亲手领足，其业任凭买主耕管为业。如有房亲言论，不干买主之事，在卖主一面承当。恐后无凭，立此卖契为据。

立除帖字人吴受□。今因

凭中　吴明德
　　　宋英华

永兴村杨喜英家藏文书

# 嘉庆十三年十二月初二日李世显卖田契

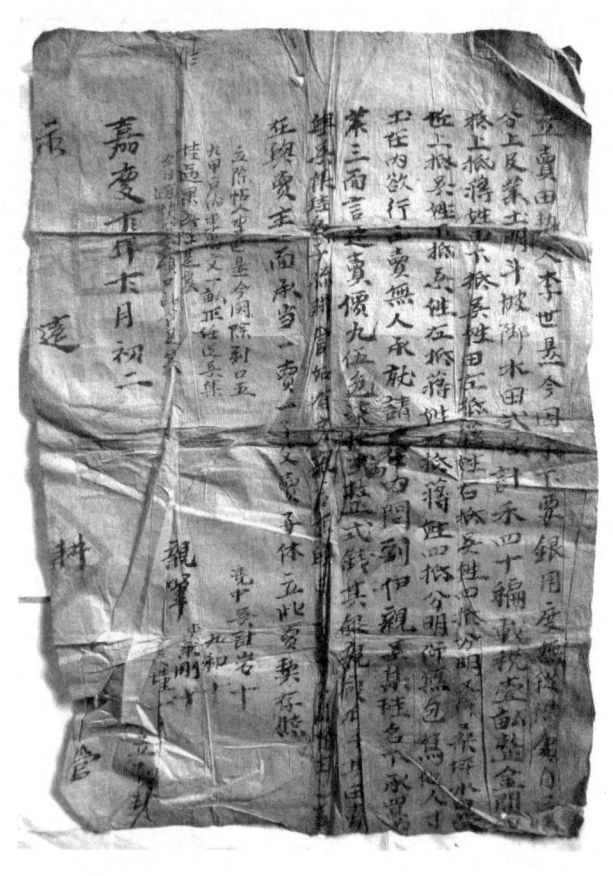

　　立卖田契人李世显，今因家下要银用度，无从得处（出）。自己将分上及（之）业，土明（名）：斗坡脚，水田弍坵，计禾[1]四十稫[2]，载税壹亩整。金（今）开四抵：上抵蒋姓田，下抵吴姓田，左抵蒋姓，右抵吴姓，四抵分明，又并桑坪水田壹坵，上抵吴姓，下抵桑姓，左抵蒋姓，右抵蒋姓，四抵分明，并无包写他人寸土在内，欲行出卖，无人承就（受）。请中在内问到伊亲吴集珪名下承买为业。三面言定卖价九伍色[3]柒拾弍两整弍钱。其银亲领入手，其田卖与吴集珪名下子孙耕管。如有房亲言论，与卖主□，不关买主之事，在与（于）卖主一面承当。一卖一了，父卖子休。立此卖契存照。

　　立除帖人李世显，今因除到口五[4][里]九甲户内李尚文一亩正，任从吴集珪过果（割），所除是实。

　　同日随契分文领足，所领是实。

凭中　吴计岩<br>九和<br>季秉刚<br>□瑾

嘉庆十三年十二月初二　立卖契

**永远耕管**

［1］"禾"，在地湖及周边地区一般指的是"糯稻"，而"谷"指的是"籼稻"。

［2］"稱"，地湖等地糯稻的计量单位。

［3］"九伍色"，一般指"九五色银"，也称"纹银"。

［4］"口五"，应在后面加上"里"。清代"口五里"属于湖南会同管辖，"兴文里"属于贵州天柱管辖。

# 光绪七年闰三月二十五日吴顺焯拨约字

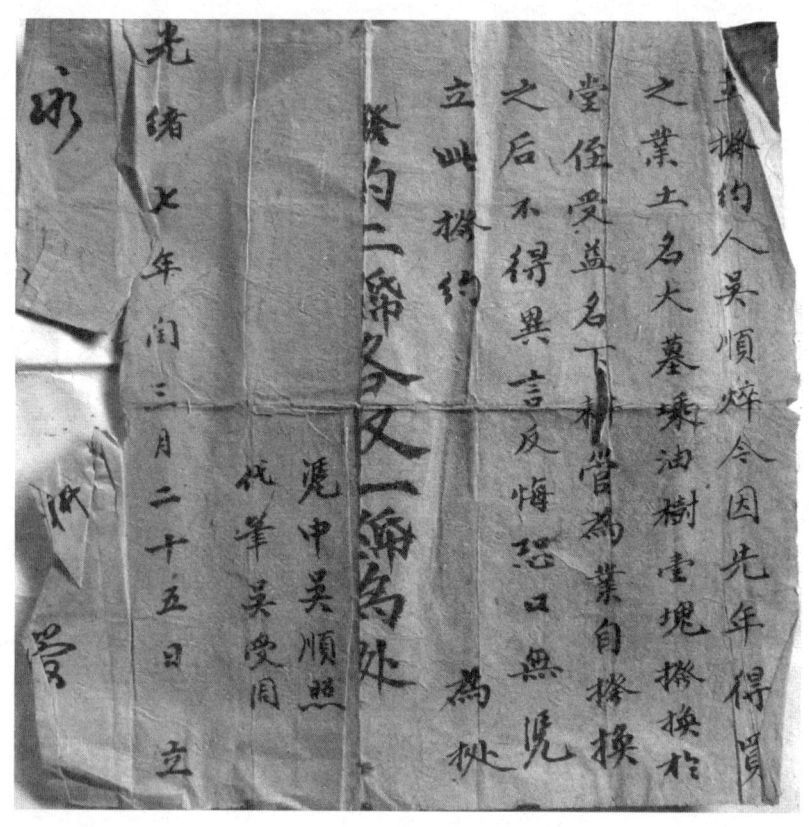

　　立拨约人吴顺焯，今因先年得买之业，土名：大墓堁，油树壹块，拨换於（与）堂侄受益名下耕管为业，自拨换之后，不得异言反悔。恐口无凭，立此拨约为据。拨约二纸，各收一纸为据。

凭中　吴顺照<br>代笔　吴受周

光绪七年闰三月二十五日　立
永远耕管

# 光绪八年十二月二十八日吴志壹、吴志敏、受三等卖油树荒塝契

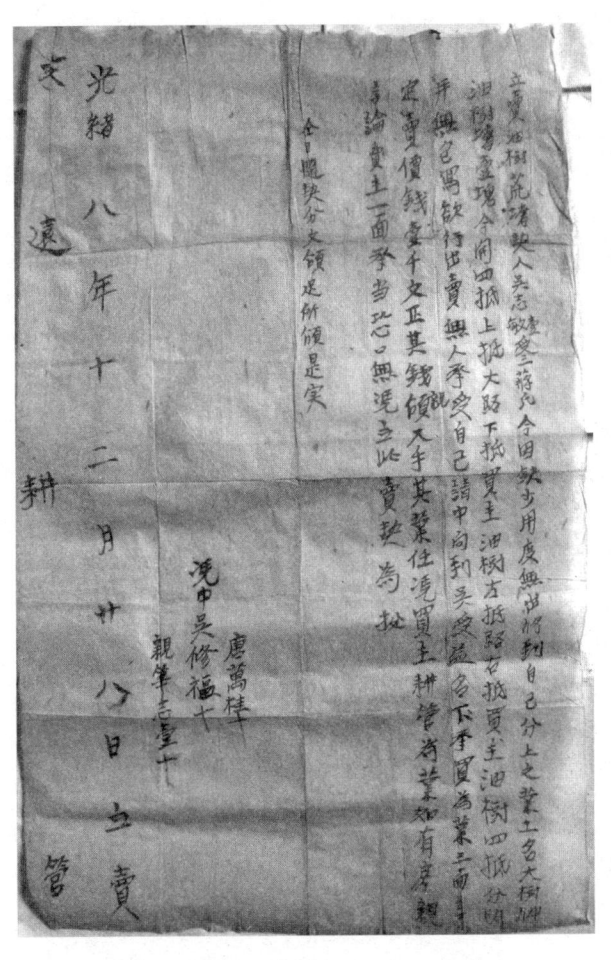

光绪八年十二月廿八日　立卖
永远耕管

立卖油树荒塝契人吴志壹、志敏、受三、蒋氏，今因缺少用度，无出。将到自己分上之业，土名：大树脚，油树塝壹块。今开四抵：上抵大路，下抵买主油树，左抵路，右抵买主油树，四抵分明，并无包写，欲行出卖，无人承受。自己请中问到吴受益名下承买为业。三面言定卖价钱壹千文正。其钱亲领入手，其业任凭买主耕管为业。如有房亲言论，卖主一面承当。恐口无凭，立此卖契为据。

同日随契分文领足，所领是实。

凭中　唐万桂
　　　吴修福
亲笔　志壹

永兴村杨喜英家藏文书

# 光绪二十二年四月初八日吴顺炳当水田契

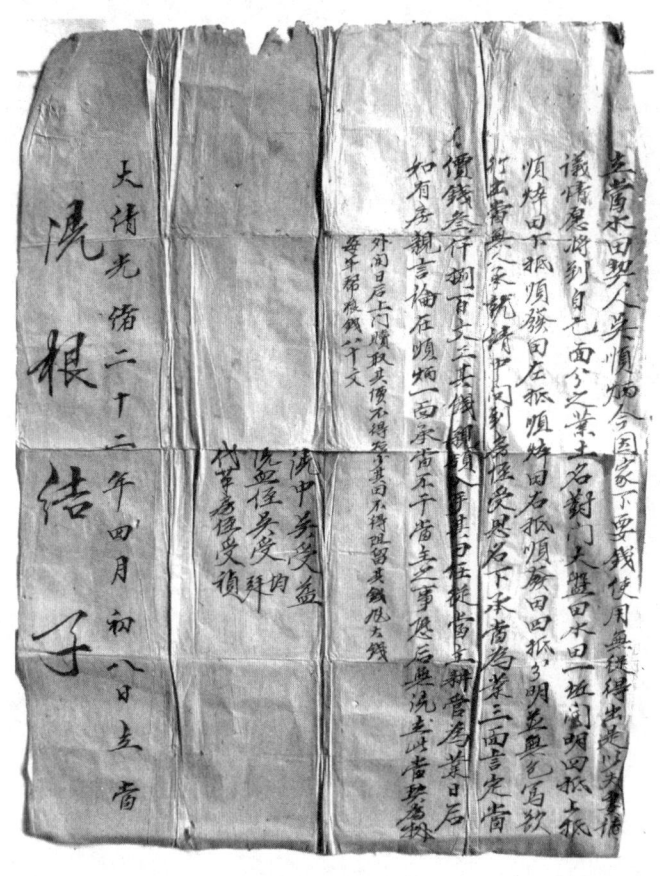

其钱□大钱，每年帮粮钱八十文。

大清光绪二十二年四月初八日　立当
凭根结子

立当水田契人吴顺炳，今因家下要钱使用，无从得出。是以，夫妻商议，情愿将到自己面分之业，土名：对门大盘田，水田一坵。开明四抵：上抵顺焠田，下抵顺发田，左抵顺焠田，右抵顺发田，四抵分明，并无包写，欲行出当，无人承就（受）。请中问到房侄受恩名下承当为业。三面言定当价钱叁仟捌百文正。其钱亲领入手，其田任从当主耕管为业。日后，如有房亲言论，在顺炳一面承当，不干当主之事。恐后无凭，立此当契为据。

外开：日后上门赎取，其价不得短少，其田不得阻留。

凭中　　吴受益

凭血侄　　吴受均廷

代笔房侄　　受祯

# 光绪二十二年十一月十八日唐通勋除帖字

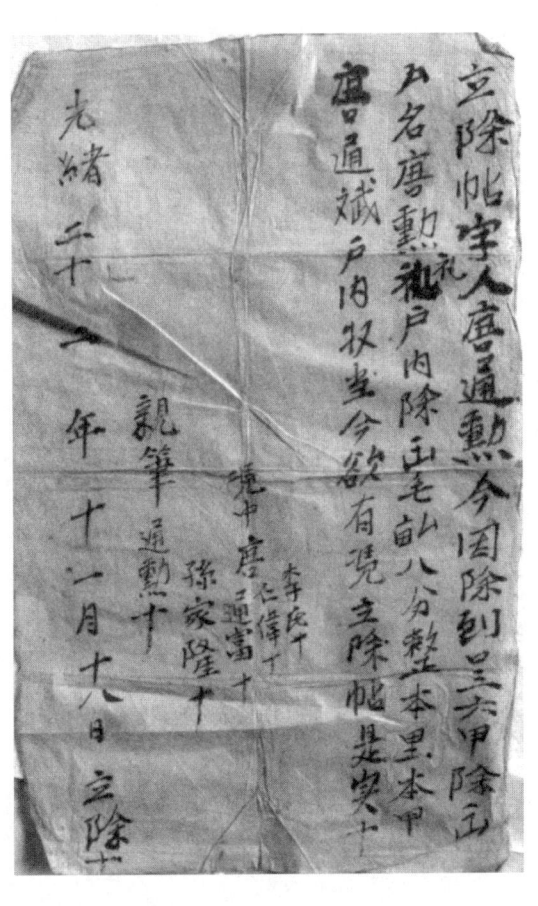

立除帖字人唐通勋,今因除到口三[1][里]六甲,除出土名唐勋礼户内,除出毛亩八分整,本里本甲唐通斌户内收当。今欲有凭,立除帖是实。

凭中　李氏
　　　唐仁伟
　　　　通富
　　　孙家隆
亲笔　通勋

光绪二十二年十一月十八日　立除

[1]"口三"后面应加"里"字。清代及民国时,"口三里"属于湖南省会同县管辖。

## 光绪二十五年三月二十六日吴杨氏母子卖田契

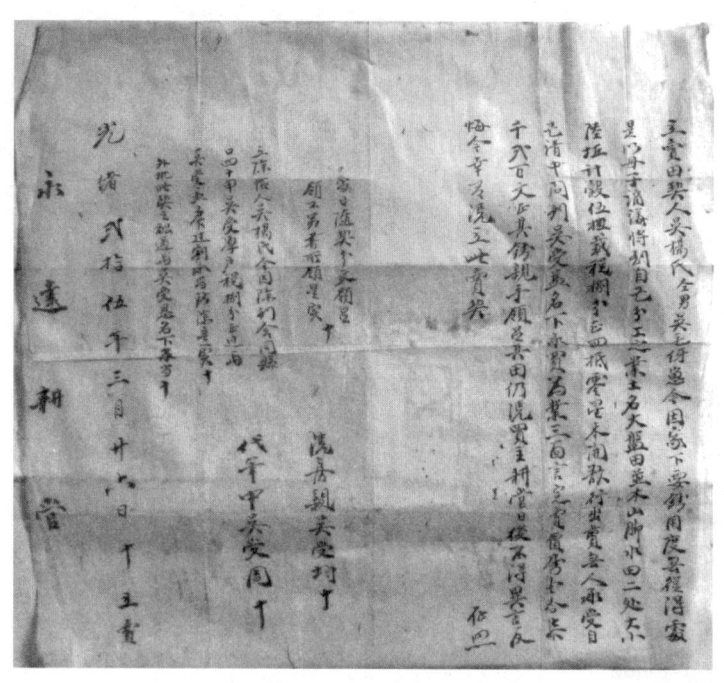

立卖田契人吴杨氏,同男吴毛伢崽,今因家下要钱用度,无从得处(出)。是以,母子商议,将到自己分上之业,土名:大盘田,并木山脚,水田二处,大小陆坵,计谷伍担,载税捌分正,四抵零星未开,欲行出卖,无人承受。自己请中问到吴受益名下承买为业。三面言定卖价钱壹拾柒千式百文正。其钱亲手领足,其田仍(任)凭买主耕管。日后,不得异言反悔。今幸有凭,立此卖契存照。

当日随契分文领足,领不另书,所领是实。

立除帖人吴杨氏,今因除到会同县口四[1][里]十甲吴受厚户税捌分正,过与吴受益名下过割承当,所除是实。

外批:此契之亩过与吴受恩名下承当。

凭房亲　吴受均<br/>代笔中　吴受周

光绪式拾伍年三月廿六日　　立卖

永远耕管

[1]"口四"后应加"里"。清代"口四里"属于湖南省会同县管辖。

# 光绪二十五年六月十五日吴受杰卖水田契

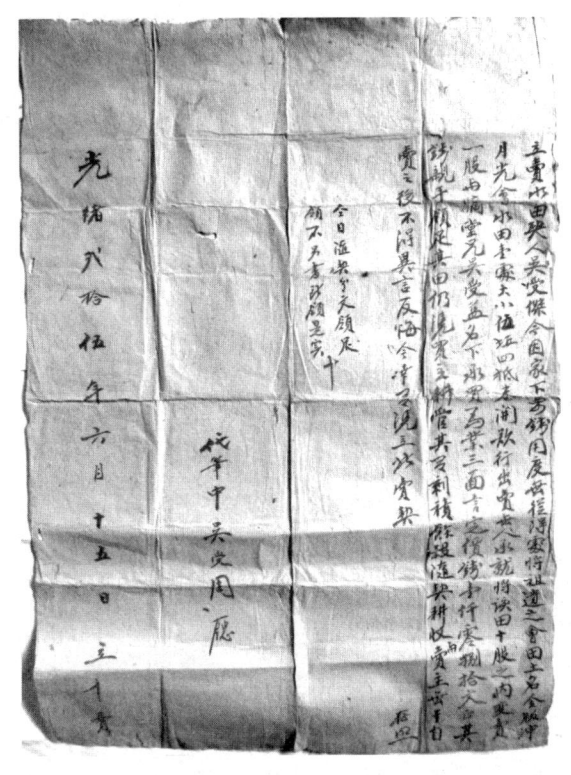

光绪式拾伍年六月十五日　立卖

　　立卖水田契人吴受杰，今因家下要钱用度，无从得处（出）。将祖遗之会田[1]，土名：金版冲月光会，水田壹处，大小伍坵，四抵未开，欲行出卖，无人承就（受）。将该田十股之内，变卖一股与嫡堂兄吴受益名下承买为业。三面言定价钱壹仟零捌拾文正。其钱亲手领足，其田仍（任）凭买主耕管。其留剩积余谷，随契耕收，与卖主无干。自卖之后，不得异言反悔。今幸有凭，立此卖契存照。

　　同日随契分文领足，领不另书，所领是实。

　　　　　　　　　代笔中　吴受周

[1]"会田"，疑为用于支持家族清明祭祀费用之族田，当地人称之为"清明会田"。

# 光绪二十七年十月初一日吴唐氏母子卖房屋契

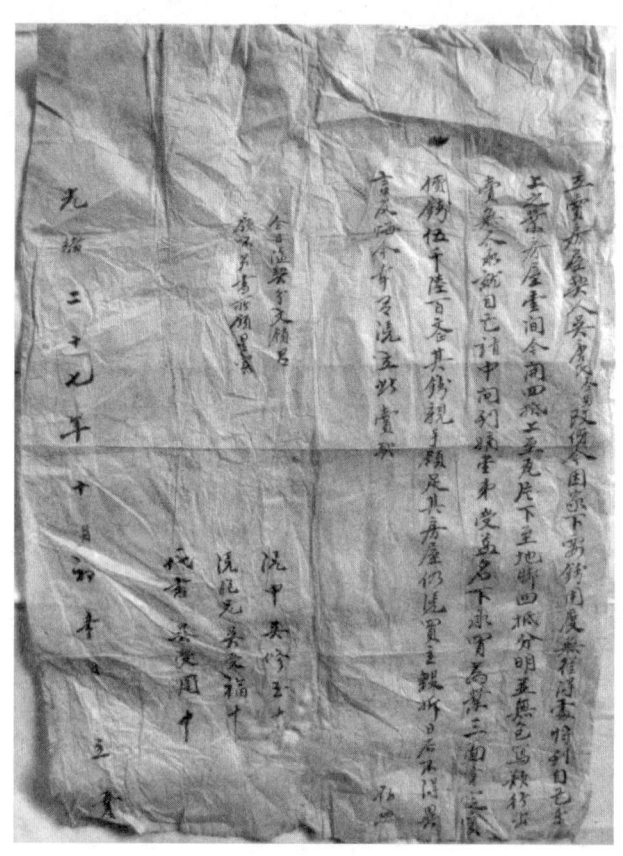

立卖房屋契人吴唐氏同男改伢,今因家下要钱用度,无从得处(出)。将到自己分上之业,房屋壹间。今开四抵:上至瓦片,下至地脚,四抵分明,并无包写,欲行出卖,无人承就(受)。自己请中问到嫡堂弟受益名下承买为业。三面言定卖价钱伍千陆百文正。其钱亲手领足,其房屋仍(任)凭买主毁拆。日后,不得异言反悔。今幸有凭,立此卖契为据。

同日随契分文领足,领不另书,所领是实。

凭中　吴修玉

凭胞兄　吴受福

代书　吴受周

光绪二十七年十月初壹日　立卖

# 光绪二十八年三月二十四日吴林氏卖油树契

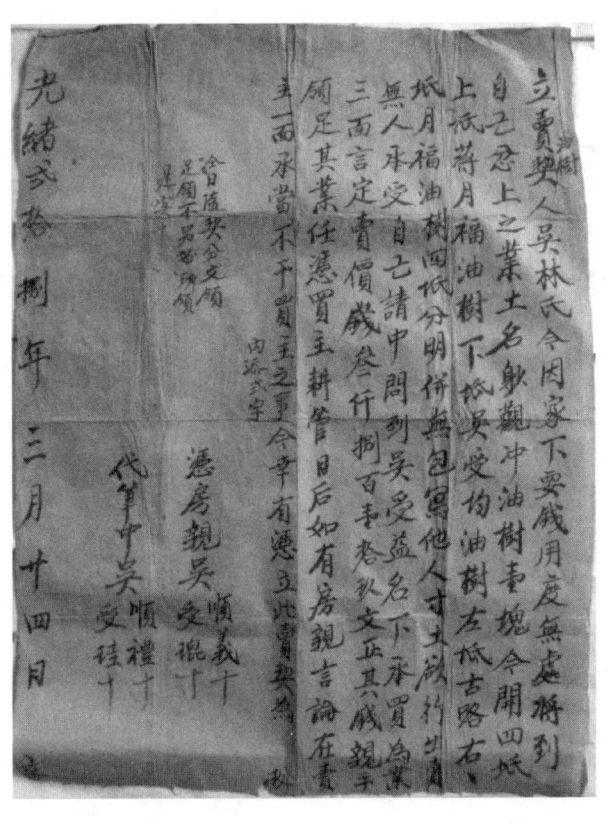

立卖油树契人吴林氏,今因家下要钱用度,无处(出)。将到自己忿(分)上之业,土名:眇观冲,油树壹块。今开四坻(抵):上坻(抵)蒋月福油树,下坻(抵)吴受均油树,左坻(抵)古路,右坻(抵)月福油树,四抵分明,并无包写他人寸土,欲行出卖,无人承受。自己请中问到吴受益名下承买为业。三面言定卖价钱叁仟捌百壹拾玖文正。其钱亲手领足,其业任凭买主耕管。日后,如有房亲言论,在卖主一面承当,不干买主之事。今幸有凭,立此卖契为据。

内添弍字。

同日随契分文领足,领不另书,所领是实。

凭房亲　吴 顺义<br>受琨

代笔中　吴 顺礼<br>受珪

光绪弍拾捌年三月廿四日　立

永兴村杨喜英家藏文书

# 光绪三十三年八月初六日吴受先卖水田契

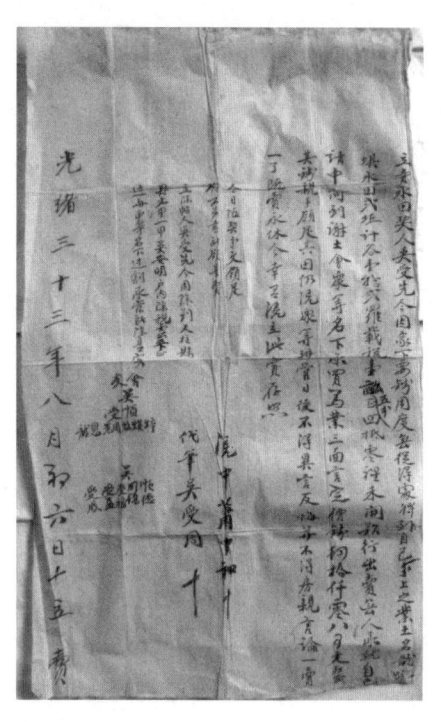

　　立卖水田契人吴受先，今因家下要钱用度，无从得处（出）。将到自己分上之业，土名：龙吼坝，水田弍坵，计谷壹拾弍罗（箩），载税壹亩五分正，四抵零星未开，欲行出卖，无人承就（受）。自己请中问到谢土会众等名下承买为业。三面言定价钱肆拾仟零八百文整。其钱亲手领足，其田仍（任）凭众等耕管。日后，不得异言反悔，并不得房亲言论。一卖一了，既卖永休。今幸有凭，立此卖［契］存照。

　　同日随契分文领足，领不另书，所领是实。

　　立除帖人吴受先，今因除到天柱县兴文里一甲吴安明户内，除税壹么（亩）五分正过与众等名下过割承管，所除是实。

凭中　萧中和<br>
代笔　吴受周<br>
会友　吴　焌<br>
　　　　顺焕<br>
　　　　　炤<br>
　　　　　周先<br>
　　　　受恩<br>
　　　　　龙<br>
　　　　顺德<br>
　　　　明镜<br>
　　吴受福<br>
　　　受益<br>
　　　受成

光绪三十三年八月初六日　　立卖

## 光绪三十三年十一月十二日吴受周卖油树木山契

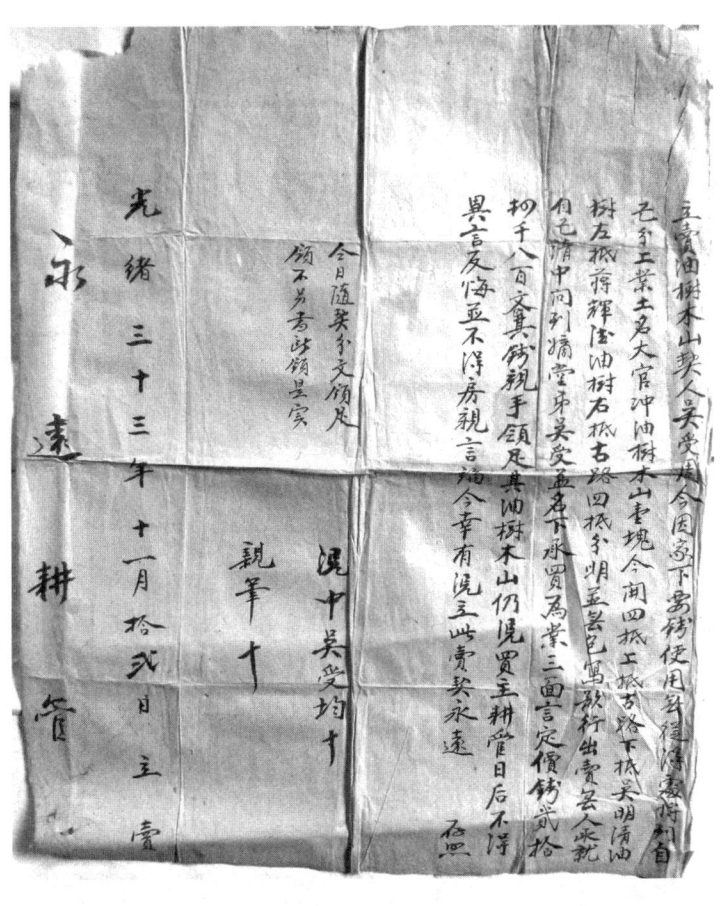

立卖油树木山契人吴受周,今因家下要钱使用,无从得处(出)。将到自己分上业,土名:大官冲,油树木山壹块。今开四抵:上抵古路,下抵吴明清油树,左抵蒋辉德油树,右抵古路,四抵分明,并无包写,欲行出卖,无人承就(受)。自己请中问到嫡堂弟吴受益名下承买为业。三面言定价钱贰拾肆千八百文正。其钱亲手领足,其油树木山仍(任)凭买主耕管。日后,不得异言反悔,并不得房亲言论。今幸有凭,立此卖契永远存照。

同日随契分文领足,领不另书,所领是实。

凭中　吴受均
亲笔

光绪三十三年十一月拾弍日　立卖
永远耕管

# 光绪三十四年四月二十五日唐宏勋卖荒塝契

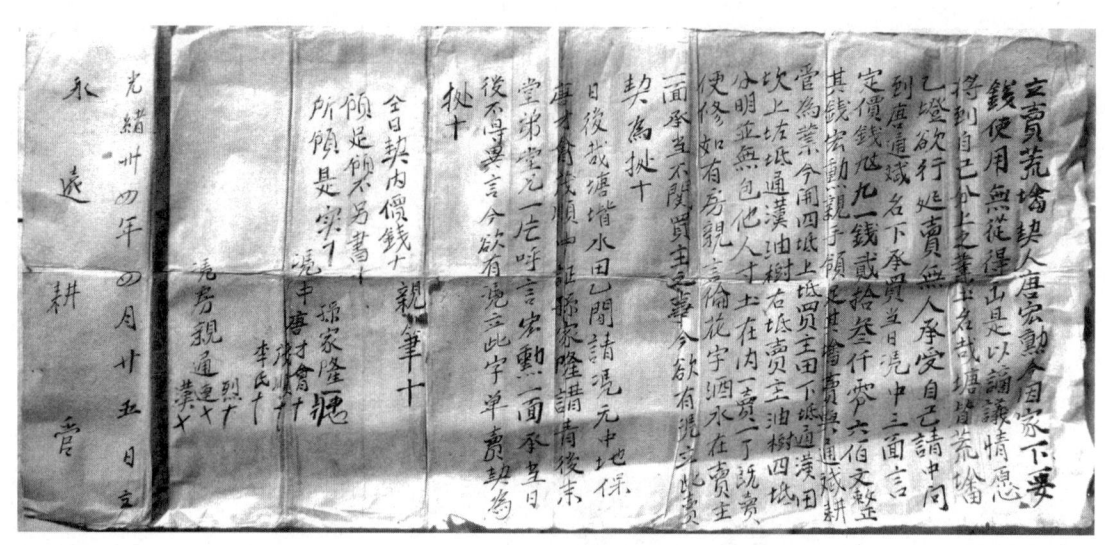

立卖荒塝契人唐宏勋，今因家下要钱使用，无从得出。是以，商议，情愿将到自己分上之业，土名：哉塘皆，荒塝一墱，欲行处（出）卖，无人承受。自己请中问到唐通斌名下承买。当日凭中三面言定价钱口九一钱贰拾叁仟零六佰文整。其钱宏勋亲手领足，其塝卖与通斌耕管为业。今开四坻（抵）：上坻（抵）买主田，下坻（抵）通汉田坎，上左坻（抵）通汉油树，右坻（抵）卖主油树，四坻（抵）分明，并无包［写］他人寸土在内。一卖一了，既卖便修（休）。如有房亲言论，花字酒水，在卖主一面承当，不关买主之事。今欲有凭，立此卖契为据。

日后哉塘阶水田一间，请凭元中地保唐才胃、茂顺，中证孙家隆讲青（清），后来，堂弟、堂兄一片呼言，宏勋一面承当。日后不得异言。今欲有凭，立此字单卖契为据。

同日契内价钱领足，领不另书，所领是实。

亲笔

凭中　孙家隆

　　　　　　　会顺氏烈连汉
　　　　　　才茂
　　　　　　唐李
　　　　凭房亲　通

光绪卅四年四月廿五日　立
永远耕管

## 宣统二年十二月十一日吴受斌叔侄卖养木地基契

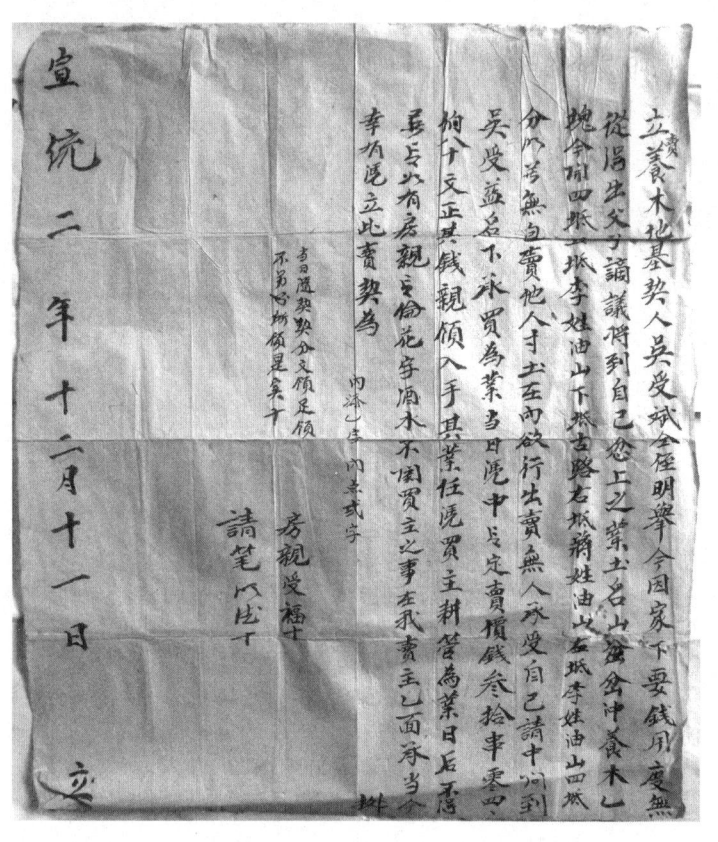

　　立卖养木地基契人吴受斌，同侄明举，今因家下要钱用度，无从得出。父子商议，将到自己忿（分）上之业，土名：山岔冲，养木一块。今开四坻（抵）：上坻（抵）李姓油山，下坻（抵）古路，右坻（抵）蒋姓油山，左坻（抵）李姓油山，四坻（抵）分明，并无包卖他人寸土在内，欲行出卖，无人承受。自己请中问到吴受益名下承买为业。当日凭中言定卖价钱叁拾串零四伯（佰）八十文正。其钱亲领入手，其业任凭买主耕管为业。日后，不得异言，如后房亲言论，花字酒水，不关买主之事，在我卖主一面承当。今幸有凭，立此卖契为据。

　　内添一字，内点式字。

　　当日随契分文领足，领不另书，所领是实。

　　　　　　　　　　　　房亲　受福
　　　　　　　　　　　　请笔　明德

宣统二年十二月十一日　立

# 民国二年三月十六日吴明藻卖吴明藻卖油树杉样杂木地基契

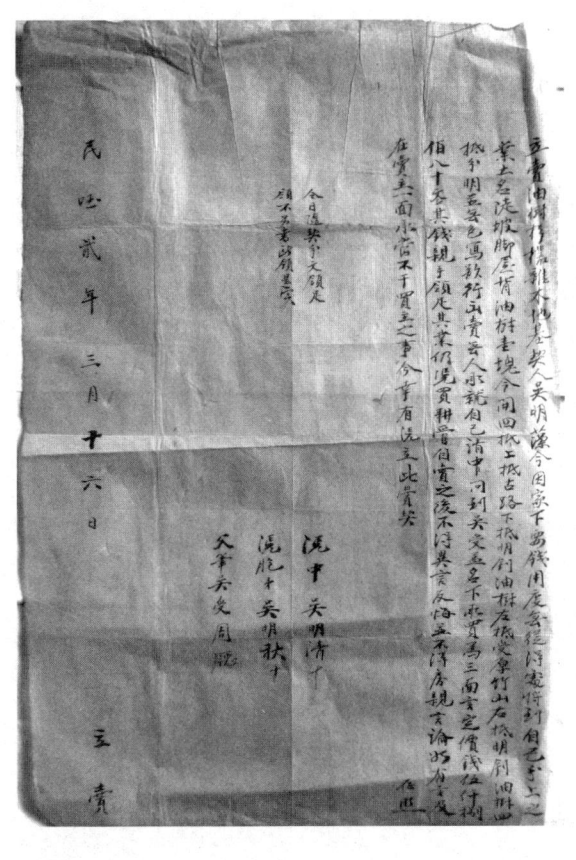

所领是实。

民国贰年三月十六日　立卖

　　立卖油树、杉样、杂木、地基契人吴明藻,今因家下要钱用度,无从得处(出)。将到自己分上之业,土名:陡坡脚屋背,油树壹块。今开四抵:上抵古路,下抵明钊油树,左抵受厚竹山,右抵明钊油树,四抵分明,并无包写,欲行出卖,无人承就(受)。自己请中问到吴受益名下承买为[业]。三面言定价钱伍仟捌佰八十文正。其钱亲手领足,其业仍(任)凭买[主]耕管。自卖之后,不得异言反悔,并不得房亲言论。如有言及,在卖主一面承当,不干买主之事。今幸有凭,立此卖契存照。

　　同日随契分文领足,领不另书,

　　　　凭中　　吴明清
　　　　凭胞弟　吴明秋
　　　　父笔　　吴受周

永兴村杨喜英家藏文书

# 民国四年十二月初八日吴受均当水田契

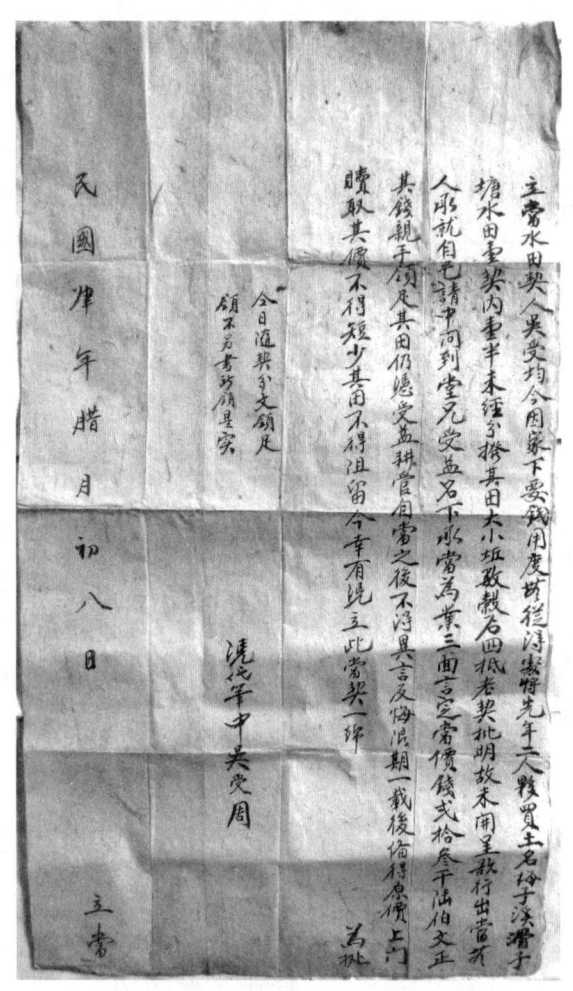

民国肆年腊月初八日　立当

立当水田契人吴受均，今因家下要钱用度，无从得处（出）。将先年二人伙买土名梅子溪滑子塘水田壹契内壹半，未经分拨。其田大小坵数、谷石、四抵，老契批明，故未开呈，欲行出当，无人承就（受）。自己请中问到堂兄受益名下承当为业。三面言定当价钱式拾叁千陆伯（佰）文正。其钱亲手领足，其田仍（任）凭受益耕管。自当之后，不得异言反悔。限期一载后，备得原价上门赎取，其价不得短少，其田不得阻留。今幸有凭，立此当契一纸为据。

同日随契分文领足，领不另书，所领是实。

凭代笔中　吴受周

# 民国六年五月二十三日胡秀贵卖阴地契

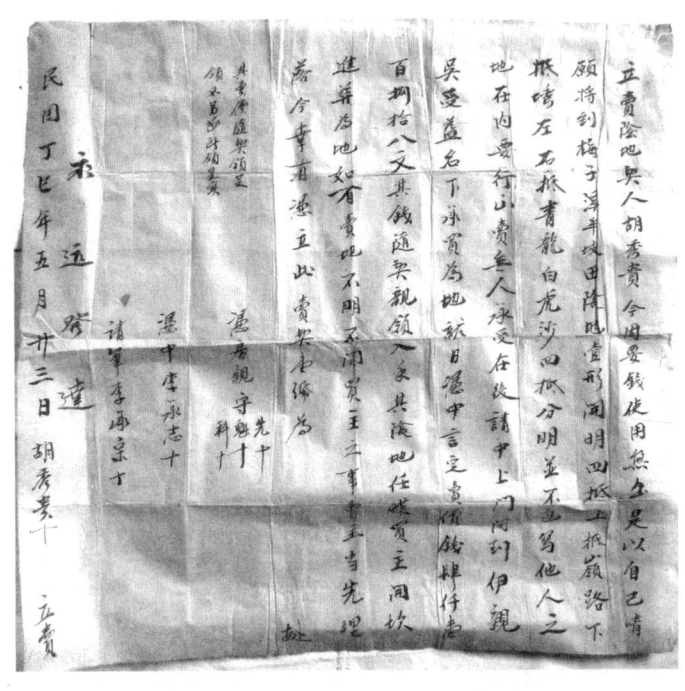

　　立卖阴地契人胡秀贵，今因要钱使用，无出。是以，自己情愿将到梅子溪半坡田阴地壹形。开明四抵：上抵岭路，下抵塝，左右抵青龙白虎沙，四抵分明，并不包写他人之地在内，要行出卖，无人承受。在后[1]请中上门问到伊亲吴受益名下承买为地。就日[2]凭中言定卖价钱肆仟壹百捌拾捌文。其钱随契亲领入手，其阴地任从买主开坎进葬为地。如有卖地不明，不关买主之事，卖主当先理落。今幸有凭，立此卖契壹纸为据。

　　其卖价随契领足，领不另书，所领是实。

先<br>
凭房亲　守魁<br>
科<br>
凭中　李承志<br>
请笔　李承宗

永远发达

民国丁巳年五月廿三日　胡秀贵　立卖

[1]"在后"，地湖等地方言，"之后"之意。
[2]"就日"，地湖等地方言，"当日"之意。

# 民国七年八月初三日
# 吴明钊卖油树杉条桐样杂木地基契

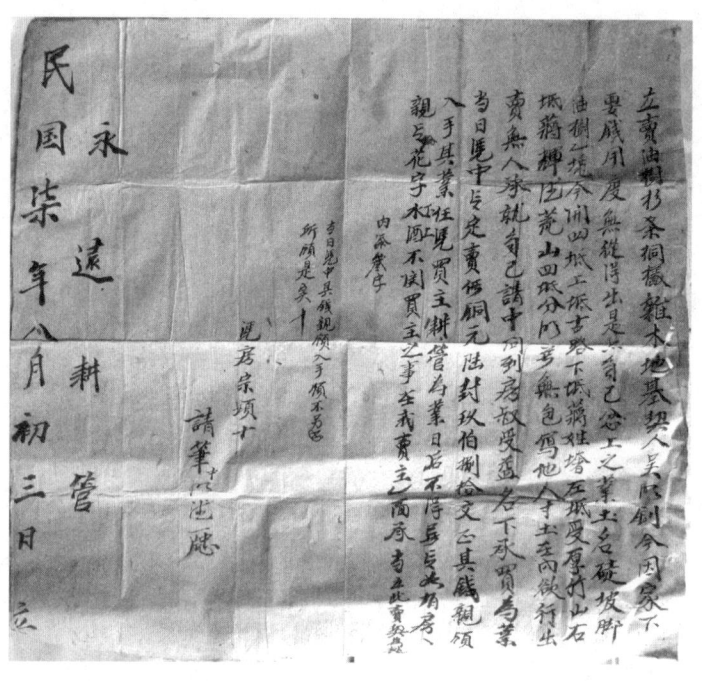

　　立卖油树、杉条、桐样、杂木、地基契人吴明钊，今因家下要钱用度，无从得出。是以，自己忿（分）上之业，土名：陡坡脚，油树一块。今开四坻（抵）：上坻（抵）古路，下坻（抵）蒋姓塔，左坻（抵）受厚竹山，右坻（抵）蒋辉德荒山，四坻（抵）分明，并无包写他人寸土在内，欲行出卖，无人承就（受）。自己请中问到房叔受益名下承买为业。当日凭中言定卖价铜元陆封[1]玖伯（佰）捌拾文正。其钱亲领入手，其业任凭买主耕管为业。日后，不得异言，如有房亲言论，花字酒水，不关买主之事，在我卖主一面承当。立此卖契为据。

　　内添叁字。

　　当日凭中其钱亲领入手，领不另书，所领是实。

凭房　宗显<br>请笔中　明德

永远耕管

民国柒年八月初三日　立

［1］"封"，旧时的货币单位，相当于"仟"，即"一仟文为一封"。

# 民国八年十一月十四日吴明濂卖荒山杂木契

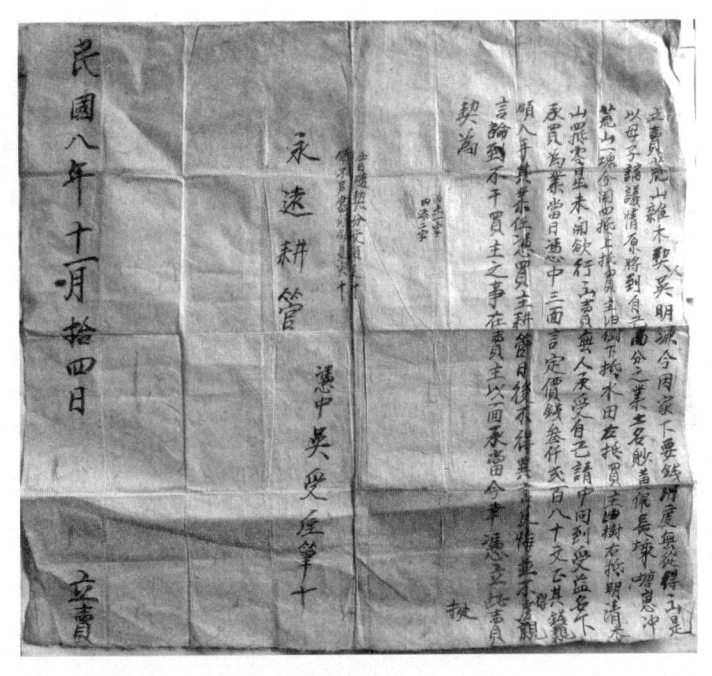

立卖荒山、杂木契人吴明濂，今因家下要钱用度，无从得出。是以，母子商议，情原（愿）将到自己面分上之业，土名：夥黄佩长塝塘崀冲，荒山一块。今开四抵：上抵买主油树，下抵水田，左抵买主油树，右抵明清木山，四抵零星未开，欲行出卖，无人承受。自己请中问到受益名下承买为业。当日凭中三面言定价钱叁仟式百八十文正。其钱亲领入手，其业任凭买主耕管。日后，不得异言反悔，并不得房亲言论，不干买主之事，在卖主以（一）面承当。今幸有凭，立此卖契为据。

内点一字，内添二字。

同日随契分文领足，领不另书，所领是实。

凭中　吴受皇　笔

永远耕管

民国八年十一月拾四日　立卖

# 民国九年十月十一日吴受皇借约字

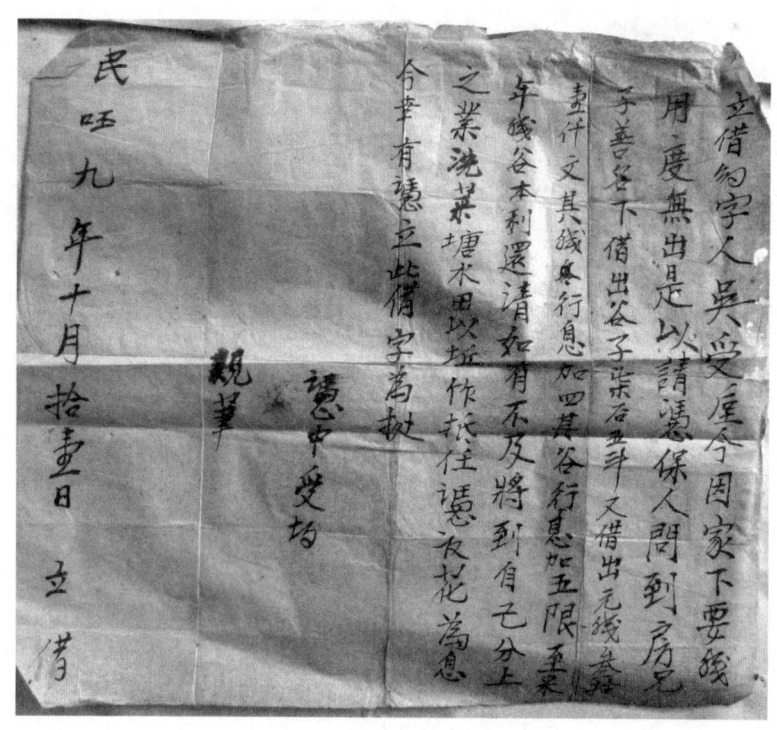

　　立借约字人吴受皇，今因家下要钱用度，无出。是以，请凭保人问到房兄子善名下借出谷子柒石五斗，又借出元钱叁拾壹仟文。其钱行息加四，其谷行息加五。限至来年钱谷本利还清。如有不及，将到自己分上之业，洗菜塘、水田以（一）垞作抵，任凭收花为息。今幸有凭，立此借字为据。

　　　　　　　　　　　　　　　凭中　受均
　　　　　　　　　　　　　　　亲笔

民国九年十月拾壹日　立借

# 民国十二年五月十二日吴明兴卖塔契

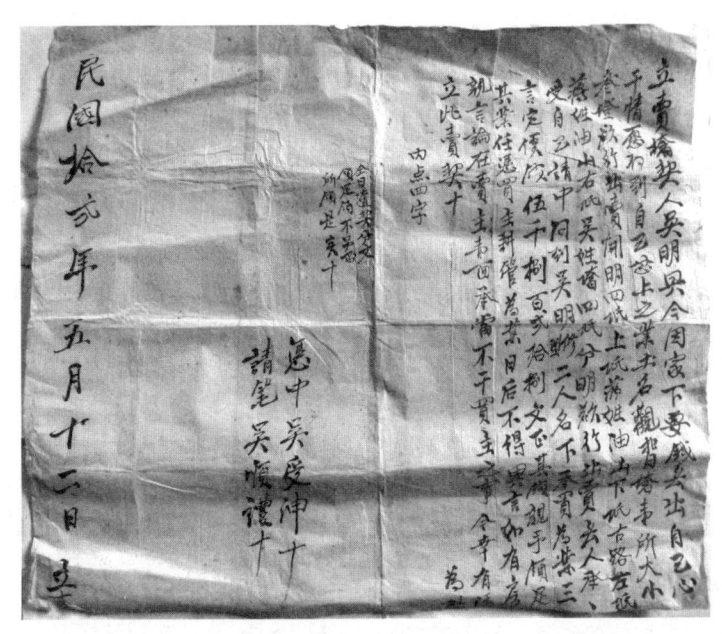

　　立卖塔契人吴明兴，今因家下要钱，无出。自己心干（甘）情愿，将到自己忿（分）上之业，土名：观背，塔壹所，大小叁墱，欲行出卖。开明四坻（抵）：上坻（抵）蒋姓油山，下坻（抵）古路，左坻（抵）蒋姓油山，右坻（抵）吴姓塔，四坻（抵）分明，欲行出卖，无人承受。自己请中问到吴明修、升二人名下承买为业。三[面]言定价钱伍千捌百式拾捌文正。其钱亲手领足，其业任凭买主耕管为业。日后，不得异言。如有房亲言论，在卖主壹面承当，不干买主之事。今幸有凭，立此卖契为据。

　　内点四字。

　　同日随契分文领足，领不另书，所领是实。

凭中　吴受□<br/>请笔　吴顺礼

民国拾式年五月十二日　立

# 民国十三年八月初六日吴明经当水田契

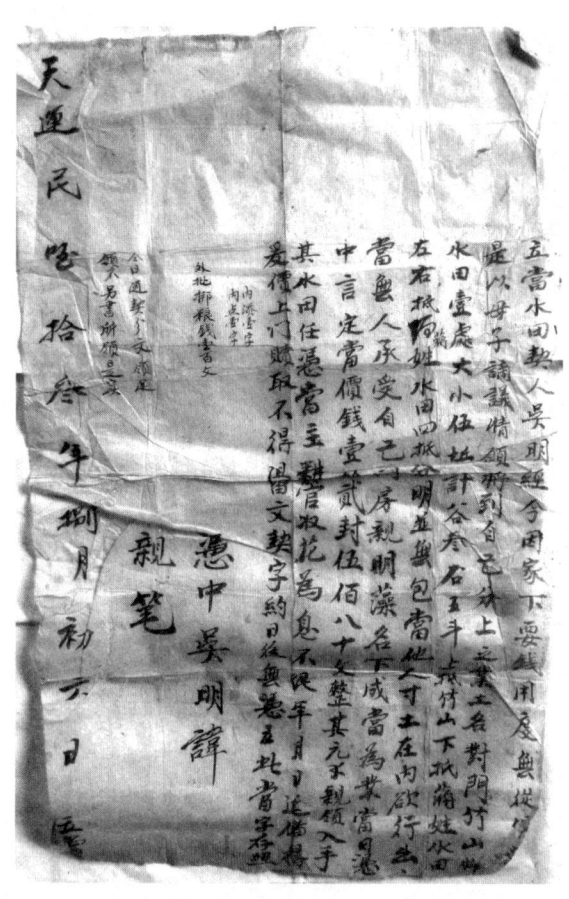

　　立当水田契人吴明经，今因家下要钱用度，无从得出。是以，母子商议，情愿将到自己分上之业，土名：对门竹山脚，水田壹处，大小伍坵，计谷叁石五斗。上抵竹山，下抵蒋姓水田，左右抵蒋姓水田，四抵分明，并无包当他人寸土在内，欲行出当，无人承受。自己问房亲明藻名下成当为业。当日凭中言定当价钱壹拾贰封伍佰八十文整。其元钱亲领入手，其水田任凭当主耕管收花为息，不限年月。日还（后）备得爱（原）价，上门赎取，不得阻留文契字约。[恐]日后无凭，立此当字存照。

　　内添壹字，内点壹字。

　　外批：挷（帮）粮钱壹百文。

同日随契分文领足，领不另书，所领是实。

　　　　凭中　吴明讳
　　　　亲笔

天运民国拾叁年捌月初六日　立当

# 民国十六年三月十七日吴明扬收字

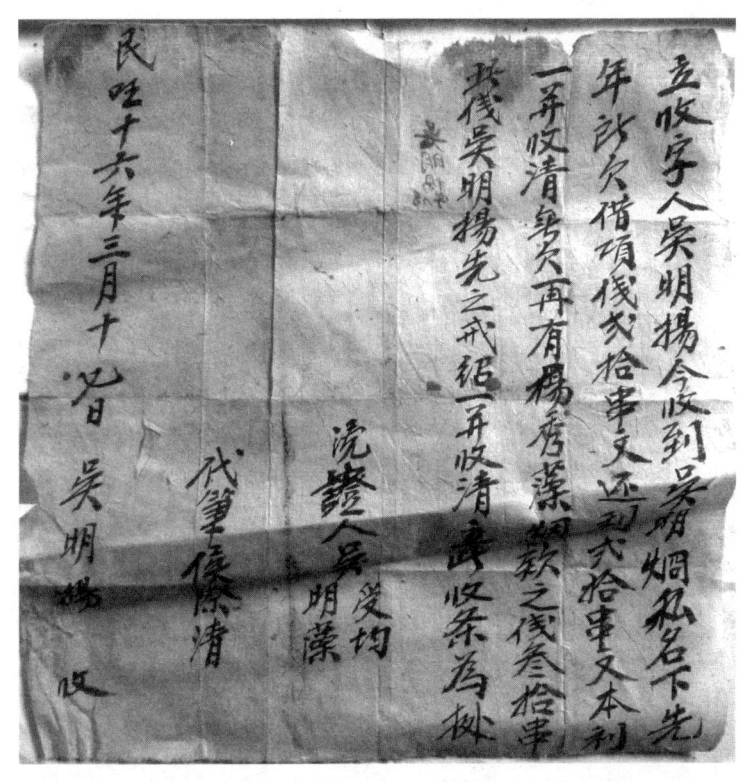

立收字人吴明扬，今收到吴明炯私名下先年所欠借项钱弍拾串文，还利弍拾串，又本利一并收清，无欠。再有杨秀藻烟欵（款）之钱叁拾串，此钱吴明扬先之戒绍一并收清，立此收条为据。

凭证人 吴明藻 受均

代笔 侯际清

民国十六年三月十七日 吴明扬 收

# 民国十九年二月二十一日吴明玉卖水田契

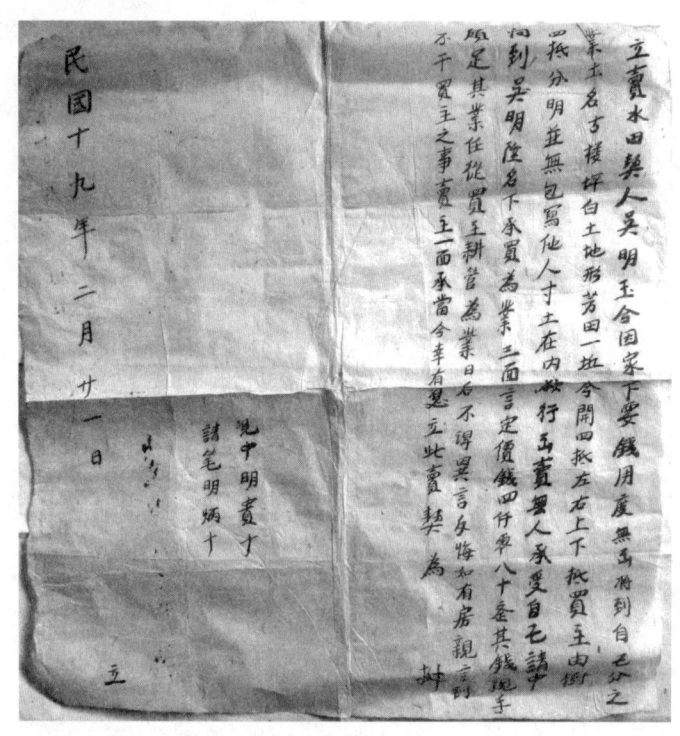

　　立卖水田契人吴明玉，今因家下要钱用度，无出。将到自己分上之业，土名：古楼坪白土地形，芳（荒）田一坵。今开四抵：左右上下抵买主由（油）树，四抵分明，并无包写他人寸土在内，欲行出卖，无人承受。自己请中问到吴明升名下承买为业。三面言定价钱四仟零八十文正。其钱亲手领足，其业任从买主耕管为业。日后，不得异言反悔。如有房亲言到，不干买主之事，卖主一面承当。今幸有凭，立此卖契为据。

凭中　明贵<br>请笔　明炳

民国十九年二月廿一日　立

# 民国十九年二月二十八日吴受仙卖水田契

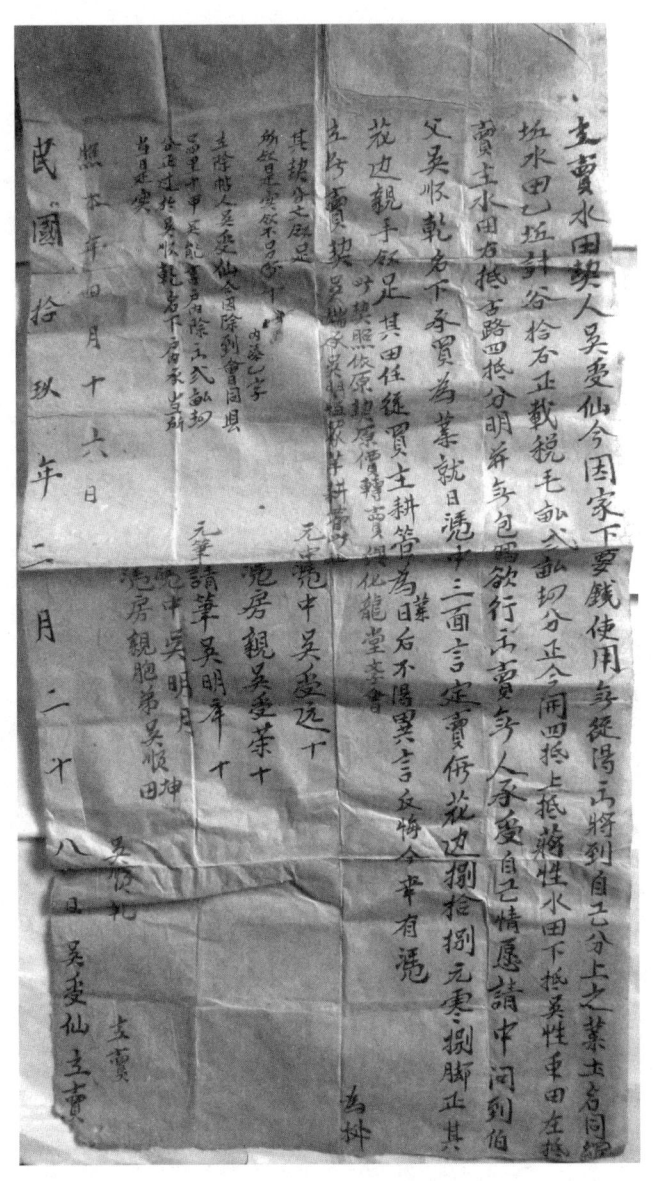

立卖水田契人吴受仙，今因家下要钱使用，无从得出。将到自己分上之业，土名：同罗坵，水田一坵，计谷拾石正，载税毛亩弍亩肆分正。今开四抵：上抵蒋性（姓）水田，下抵吴性（姓）众田，左抵卖主水田，右抵古路，四抵分明，并无包写，欲行出卖，无人承受。自己情愿请中问到伯父吴顺乾名下承买为业。就日[1]凭中三面言定卖价花边[2]捌拾捌元零捌脚（角）正。其花边亲手领足，其田任从买主耕管为业。日后，不得异言反悔。今幸有凭，立此卖契为据。

此契照依原契原价，转卖与化龙堂囗会吴端承、吴明恒众等耕管此地。

其契分文领足，所领是实，领不另书。

内添一字。

立除帖人吴受仙，今因除到会同县口四里十甲吴能言户内，除出弍亩肆分正，过於（与）吴顺乾名下户内承当，所当是实。

元中凭中　吴受远
凭房亲　吴受荣
元笔请笔　吴明举
凭中　吴明月
凭房亲胞弟　吴顺坤田

照本年四月十六日　吴顺乾　立卖
民国拾玖年二月二十八日　吴受仙　立卖

[1]"就日",地湖等地方言,"当日"之意。
[2]"花边",一种货币,此契立契时间为民国十九年,故疑为"关金券"。

# 民国十九年三月二十四日
## 吴受皇、李氏卖禁山百木地基契

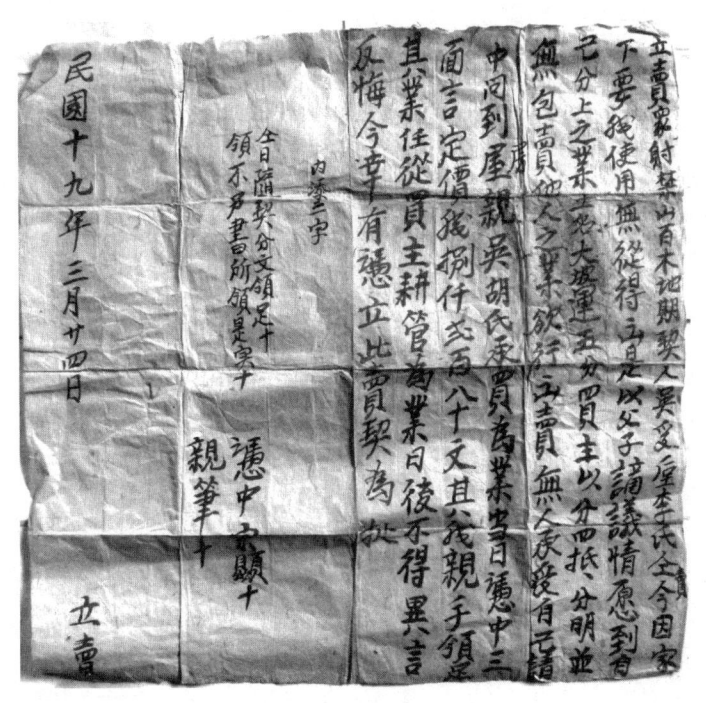

　　立卖众射（上）禁山、百木、地期(基)契人吴受皇、李氏同卖，今因家下要钱使用，无从得出。是以，父子商议，情愿[将]到自己分上之业，土名：大坡运，五分，买主以（一）分，四抵分明，并无包卖他人之业，欲行出卖，无人承受。自己请中问到房屋亲吴胡氏承买为业。当日凭中三面言定价钱捌仟式百八十文。其钱亲手领足，其业任从买主耕管为业。日后，不得异言反悔。今幸有凭，立此卖契为据。

　　内添二字。

　　同日随契分文领足，领不另书，所领是实。

凭中　宗显<br>亲笔

民国十九年三月廿四日　立卖

# 民国二十年三月十八日吴宗泽卖水田契

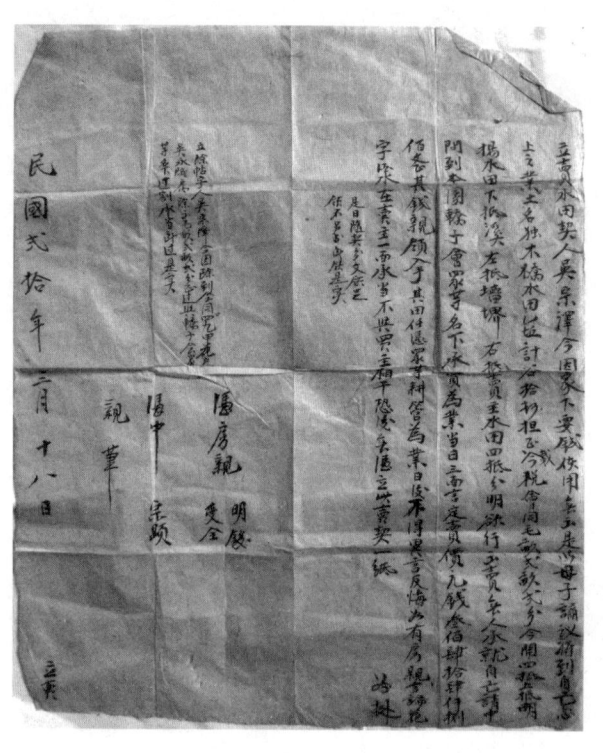

　　立卖水田契人吴宗泽,今因家下要钱使用,无出。是以,母子商议,将到自己忿(分)上之业,土名:独木桥,水田一坵,计谷拾肆担正,今载税会同毛亩式亩式分。今开四抵:上抵明扬水田,下抵溪,左抵墙堺,右抵卖主水田,四抵分明,欲行出卖,无人承就(受)。自己请中问到本团轿子会众等名下承买为业。当日三面言定卖价元钱叁佰肆拾肆仟捌佰文正。其钱亲领入手,其田任凭众等耕管为业。日后,不得异言反悔。如有房亲言论,花字酒水,在卖主一面承当,不与买主相干。恐后无凭,立此卖契一纸为据。

　　是日随契分文领足,领不另书,所领是实。

　　立除帖字人吴宗泽,今因除到会同口四[里]九甲花户[1]吴永隆户内,除出毛亩式亩式分正,过与轿子会众等名下过割承当,所过是实。

凭房亲　明鋑<br/>　　　　受全<br/>凭中　宗显<br/>亲笔

民国式拾年三月十八日　　立卖

[1]"花户",旧指户口册上的户口。

# 民国二十一年十二月十六日吴李氏三妹婆孙卖水田契

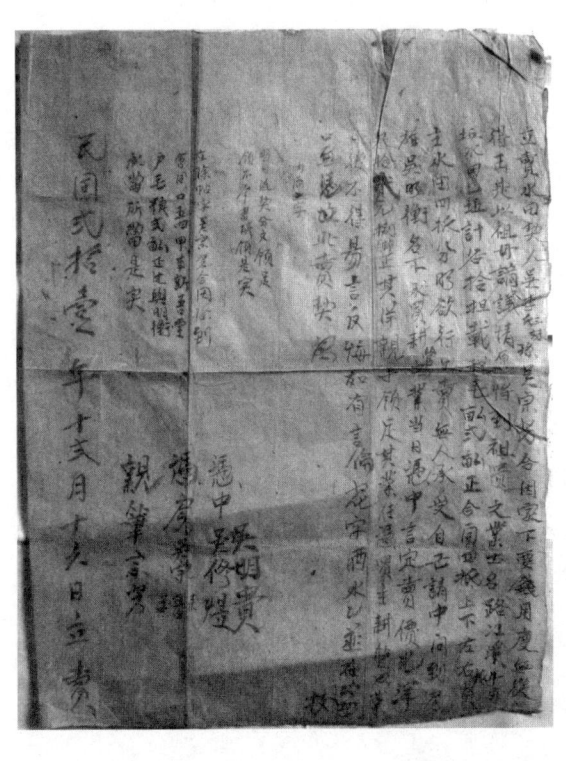

立卖水田契人吴李氏三妹、孙吴宗芳，合（今）因家下要钱用度，无从得出。是以，祖母商议，情愿将到祖遗之业，土名：路江溪牛角圫，水田一圫，计谷拾担，载税毛亩式亩正。合（今）开四抵：上下左右抵买主水田，四抵分明，欲行出卖，无人承受。自己请中问到房族吴明衡名下承买耕管为业。当日凭中言定卖价光洋叁拾贰元捌脚（角）正。其洋亲手领足，其业任凭买主耕管为业。日后，不得易（异）言反悔。如有言论，花字酒水，一并在内。恐口无凭，立此卖契为据。内添三字。

当日随契分文领足，领不另书，所领是实。

立除帖字吴宗芳，合（今）因除到会同口五[1][里]四甲李新吾堂户毛粮式亩正，过与明衡承当，所当是实。

凭中　吴明贵
　　　吴修煜

凭房　吴宗蕃来
　　　　　　玉

亲笔　宗芳

民国式拾壹年十式月十六日　立卖

[1]"口五"后应加"里"字。"口五里"，民国时属湖南省会同县管辖。

# 民国二十二年三月十八日印永桂借谷子约字

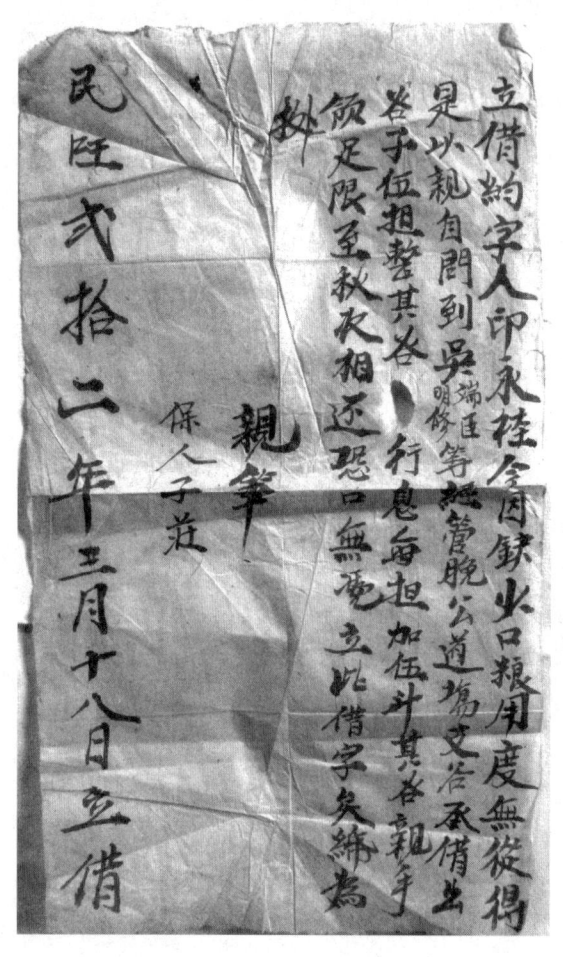

立借约字人印永桂，今因缺少口粮用度，无从得[出]。是以，亲自问到吴端臣明修等经管晚公道场支谷承借出谷子伍担整。其谷行息每担加伍斗，其谷亲手领足，限至秋收相还[1]。恐口无凭，立此借字矣（一）纸为据。
　　亲笔
　　保人　子莊
民国式拾二年三月十八日　立借

[1]"相还"，地湖等地方言，"归还"之意。

# 民国二十三年五月十八日吴明衡借钱约字

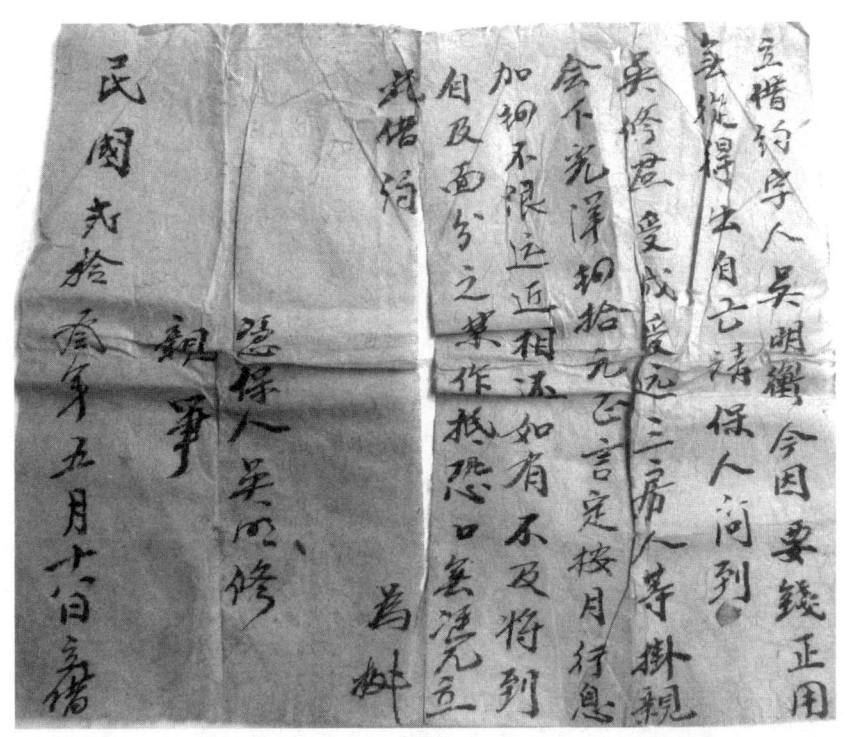

　　立借约字人吴明衡，今因要钱正用，无从得出。自己请保人问到吴修君受成、受远三房人等挂亲[1]会下光洋肆拾元正。言定按月行息加肆，不限远近相还。如有不及，将到自及（己）面分之业作抵。恐口无凭，立此借约为据。

凭保人　吴明修
亲笔

民国弍拾叁年五月十八日　　立借

[1]"挂亲"，清明扫墓之意。

# 民国二十三年七月十三日吴明恒借钱字

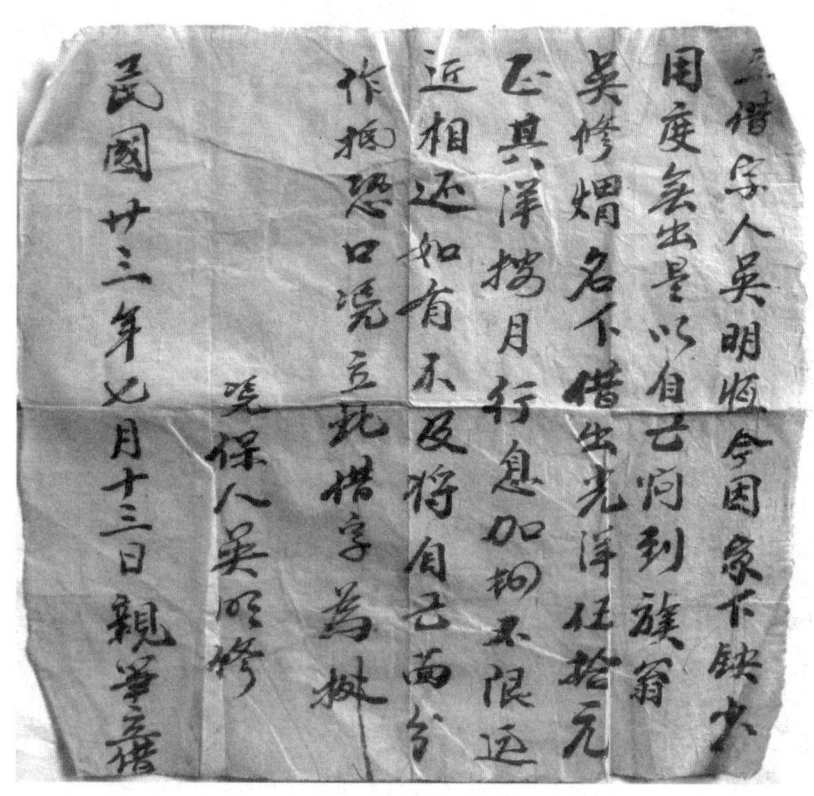

　　立借字人吴明恒，今因家下缺少用度，无出。是以，自己问到族翁吴修熠名下借出光洋伍拾元正。其洋按月行息加肆，不限远近相还。如有不及，将自己面分作抵。恐口无凭，立此借字为据。

凭保人　吴明修

民国廿三年七月十三日　亲笔　立借

# 民国二十三年古十二月吉日蒋光彩卖水田契

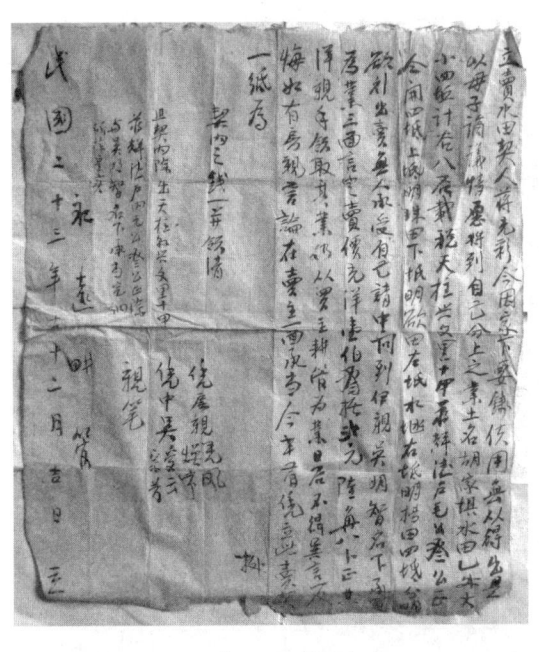

　　立卖水田契人蒋光彩，今因家下要钱使用，无从得出。是以，母子商议，情愿将到自己分上之业，土名：胡家坝，水田一处，大小四坵，计谷八石，载税天柱兴文里十甲蒋辉德户毛么（亩）叁么（亩）正。今开四坵（抵）：上坵（抵）明珠田，下坵（抵）明欲田，左坵（抵）水凼[1]，右坵（抵）明扬田，四坵（抵）分明，欲行出卖，无人承受。自己请中问到伊亲吴明智名下承买为业。三面言定卖价光洋壹伯（佰）叁拾式元陆角八卜正。其洋亲手领取，其业仍（任）从买主耕管为业。日后，不得异言反悔。如有房亲言论，在卖主一面承当。今辛（幸）有凭，立此卖契一纸为据。

　　契内之钱，一并领清。

　　且契内除出天柱县兴文里十甲蒋辉德户内，毛么（亩）叁么（亩）正，除与吴明智名下承当完纳，所除是实。

凭房亲　光凤
　　　　焕常

凭中　吴　受云
亲笔　　　宗芳

永远耕管

民国二十三年古十二月吉日　立

[1]"水凼"，地湖等地方言，"小水塘"或常用积水的"水沟"之意。

# 民国二十四年二月初八日吴明珠卖水田契

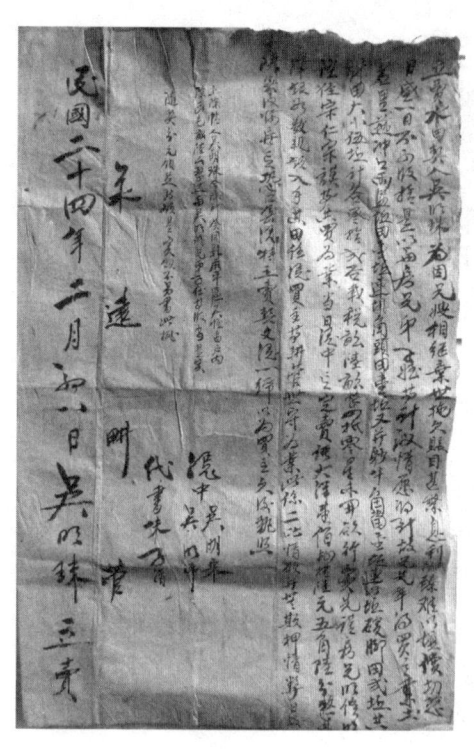

　　立卖水田契人吴明珠，为因兄嫂相继弃世，拖欠账目甚繁，利息渐臻，难以填偿，切恐日盛一日，不好收拾。是以，与房兄弟明旺等计议，情愿将到故兄先年得买之业，土名：里燕冲口两盘坵，田壹坵，连埂角头田壹坵；又并矽牛角坵田壹坵，连此坵塝脚田式坵，共计田大小伍坵，计谷叁拾式石，载税亩陆亩整，四抵零星未开，欲行出卖。先请房兄明修、明升，侄宗仁、宗谟等共买为业。当日凭中言定卖价大洋壹佰肆拾陆元五角陆分整。其洋银如数亲领入手，其田任凭买主等耕管世守为业。此系二比情愿，并无欺押（压）情弊[1]。日后，决无反悔异言。恐口无凭，特立卖契文凭一纸，以为买主久后执照。

　　立除帖人吴明珠，今除到会同县广平（坪）区[2]吴恒昌户内，除出毛亩陆么（亩）整过与吴明修兄弟子侄等收当，是实。

　　随契分元领足，所领是实，领不另书，此据。

凭中　吴 明宋
　　　　 明沛
代书　味子清

永远耕管
民国二十四年二月初八日　吴明珠　立卖

[1]"情弊"，应为"作弊"。
[2]"广坪区"，指现在的湖南省会同县广坪镇，其辖地与地湖乡接壤。

# 民国二十四年二月初十日吴明珠卖水田契

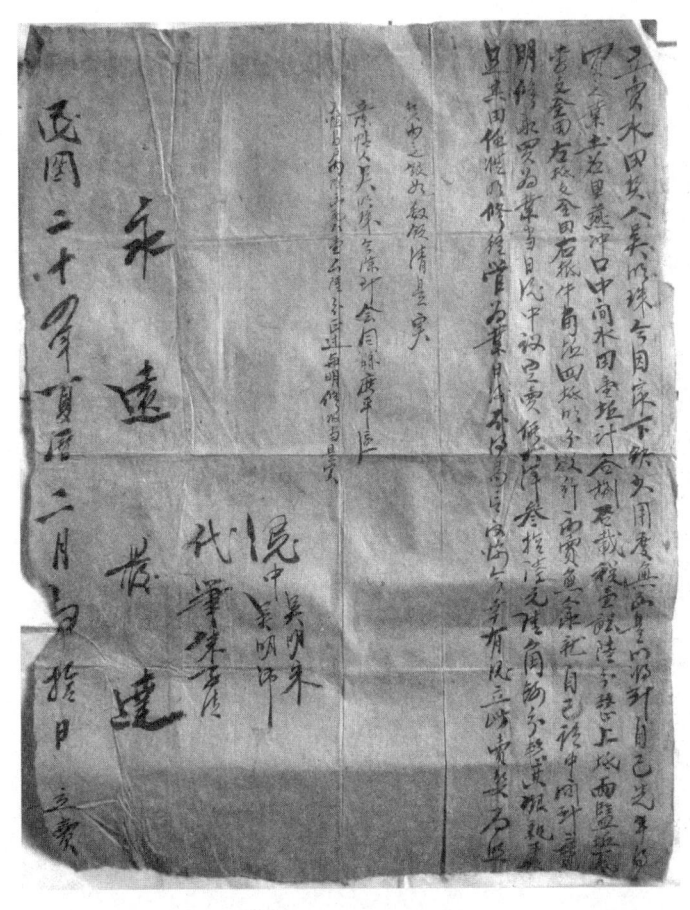

立卖水田契人吴明珠，今因家下缺少用度，无出。是以，将到自己先年得买之业，土名：里燕冲口，中间水田壹坵，计谷捌石，载税壹亩陆分整。上坻（抵）两盘坵，下坻（抵）李文全田，左坻（抵）文全田，右抵牛角坵，四坻（抵）分明，欲行出卖，无人承就（受），自己请中问到房兄明修承买为业。当日凭中议定卖价大洋叁拾陆元陆角肆分整。其银亲手领足，其田任从明修经（耕）管为业。日后，不得易（异）言反悔。今幸有凭，立此卖契为照。

契内之银，如数领清，是实。

立除帖人吴明珠，今除到会同县广平（坪）区吴恒昌户内，除出毛么（亩）壹么（亩）陆分正，过与明修收当，是实。

凭中　吴 明宋  
　　　　明沛  
代笔　朱子清

永远发达  
民国二十四年夏历二月初拾日　　立卖

# 民国二十五年九月初十日蒋光皎散息虑后字

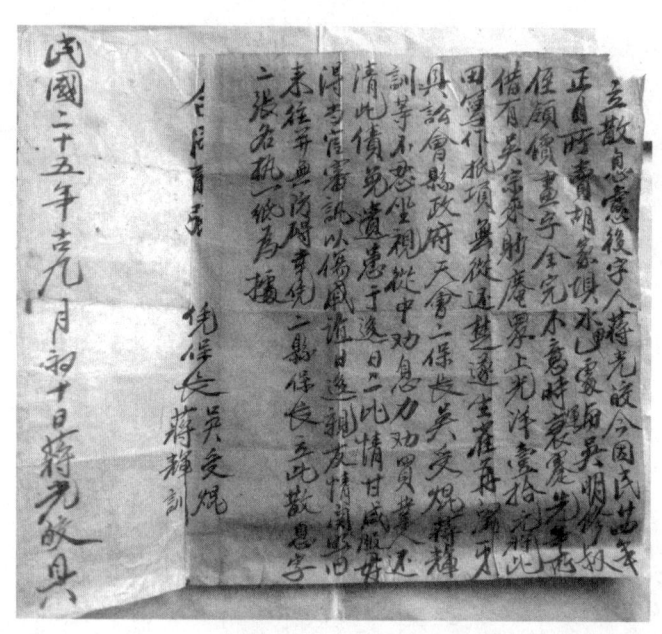

立散息虑后字人蒋光皎，今因民[国]二十四年正月所卖胡家埧水田一处，与吴明修叔侄领价书字全完不意，时运衰蹇，先年所借有吴宗来鈔庵众上光洋壹拾元，将此田写作抵项，无从还（清）楚。遂生雀角□牙，具讼会[同]县政府。天会二保长吴受焜、蒋辉训等不忍坐视，从中劝息，力劝买业人还清此债，免遗患于后日。二比情甘咸服[1]，毋得当官审讯，以伤戚谊。日后，亲友情关，照旧来往，并无防（妨）碍。幸凭二县保长，立此散息字二张，各执一纸为据。

合同贰张。

凭保长　吴受焜　蒋辉训

民国二十五年古九月初十日　蒋光皎　具

[1]"咸服"，应为"服从"。

# 民国二十六年四月初八日吴宗仁卖屋场地基契

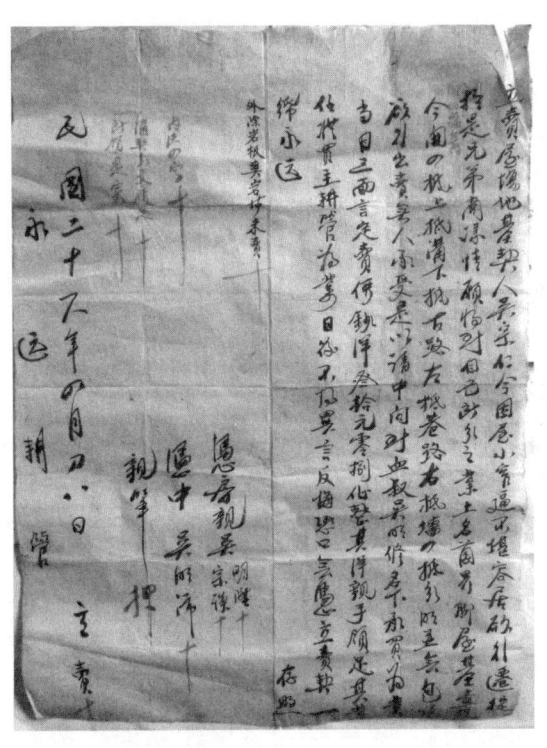

随契分文领足。所领是实。

民国二十六年四月初八日　立卖
永远耕管

　　立卖屋场地基契人吴宗仁,今因屋小窄逼,不堪容居,欲行迁徙。於是,兄弟商议,情愿将到自己所分之业,土名:园界脚屋基壹段。今开四抵:上抵沟,下抵古路,左抵巷路,右抵墙,四抵分明,并无包写,欲行出卖,无人承受。是以,请中问到血叔吴明修名下承买为业。当日三面言定卖价钞洋叁拾元零捌仙整。其洋亲手领足,其业任从买主耕管为业。日后,不得异言反悔。恐口无凭,立卖契一纸永远存照。

　　外除岩板、爽岩[1]等未卖。
　　内添四字。

凭房亲　吴 明升
　　　　　　宗谟
凭中　吴明沛
亲笔　押

[1]"爽岩",应为"磉石",指建造木房时,柱子下的垫脚石。

# 民国三十年三月初六日蒋焕彩当水田契

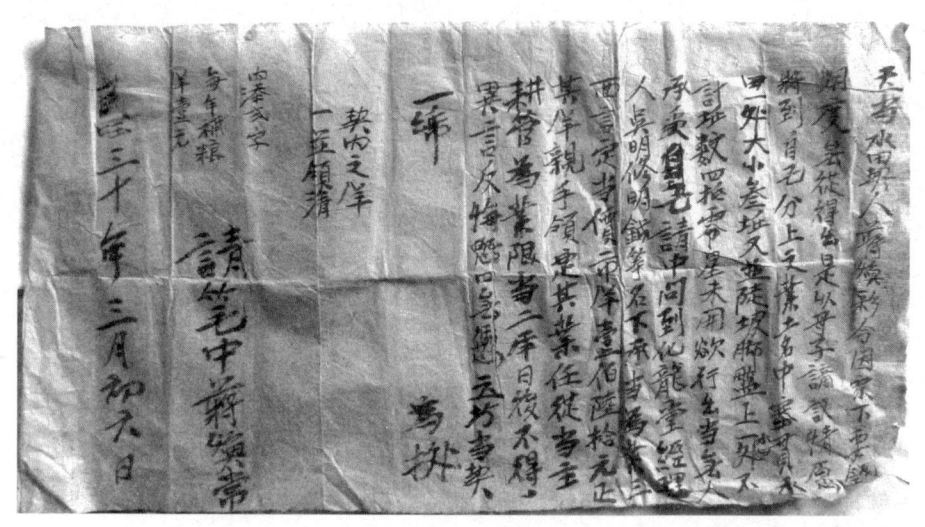

　　立当水田契人蒋焕彩，今因家下要钱用度，无从得出。是以，母子商议，情愿将到自己分上之业，土名：中塞贯，水田一处，大小叁坵；又并陡坡脚盘上，水田一处，不计坵数，四抵零星未开，欲行出当，无人承受。自己请中问到化龙堂经理人吴明修、明钺等名下承当为业。三面言定当价市洋壹伯（佰）陆拾元正。其洋亲手领足，其业任从当主耕管为业，限当二年。日后，不得异言反悔。恐口无凭，立此当契一纸为据。

　　契内之洋，一并领清。

　　内添弍字，每年补粮洋壹元。

请笔中　蒋焕常

民国三十年三月初六日

# 民国三十年五月十四日
## 吴李氏同继子宗义卖油山百木地基契

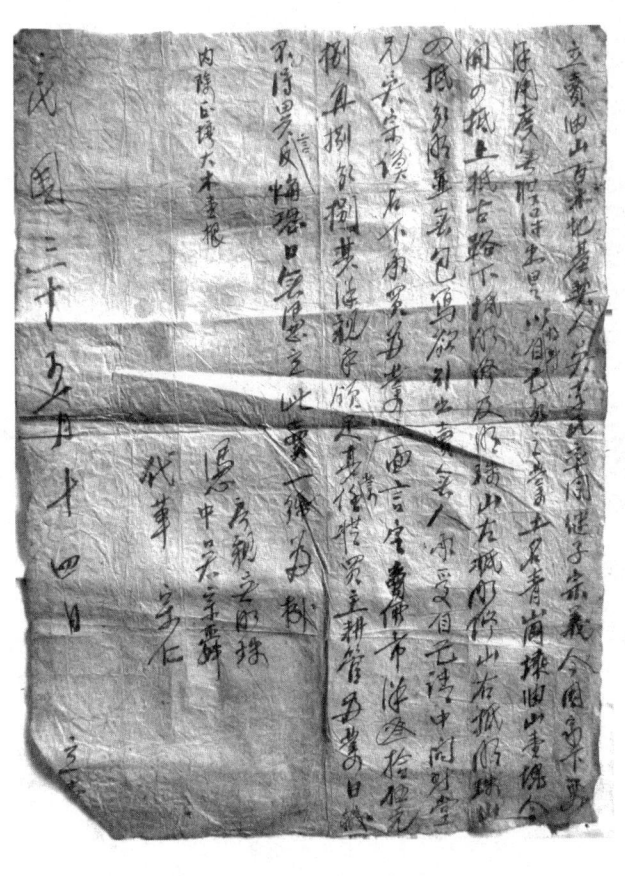

立卖油山、百木、地基契人吴李氏,率同继子宗义,今因家下要洋用度,无从得出。是以,将到自己分之业,土名:青岗塛,油山壹块。今开四抵:上抵古路,下抵明修及明珠山,左抵明修山,右抵明珠山,四抵分明,并无包写,欲行出卖,无人承受。自己请中问到堂兄吴宗谟名下承买为业。三面言定卖价市洋叁拾伍元捌角捌分捌。其洋亲手领足,其业任从买主耕管为业。日后,不得异言反悔。恐口无凭,立此卖契一纸为据。

内除正塆大木壹根。

房亲　吴明珠
凭中　吴宗舜
代笔　宗仁

民国三十年五月十四日　立卖

永兴村杨喜英家藏文书

# 民国三十二年九月初六日吴明珠卖水田契

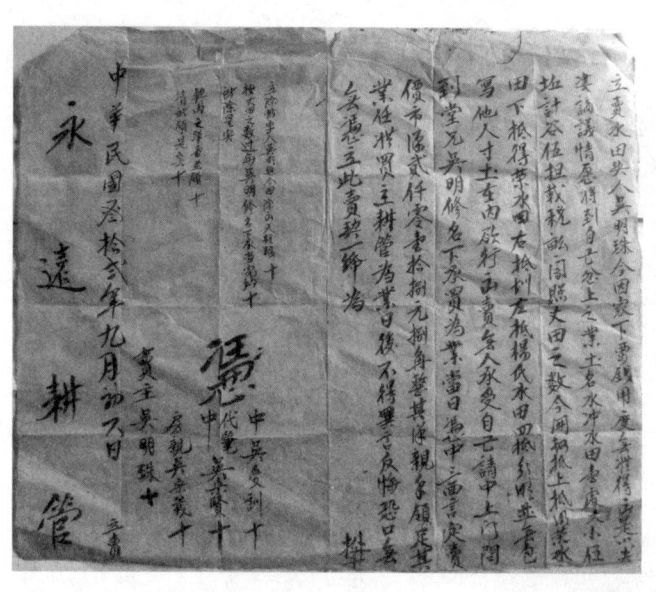

　　立卖水田契人吴明珠,今因家下要钱用度,无从得出。是以,夫凄(妻)商议,情愿将到自己忿(分)上之业,土名:水冲,水田壹处,大小伍坵,计谷伍担,载税亩阅(按)照丈田之数。今开肆抵:上抵明荣水田,下抵得荣水田,右抵圳,左抵杨氏水田,四抵分明,并无包写他人寸土在内,欲行出卖,无人承受。自己请中上门问到堂兄吴明修名下承买为业。当日凭中三面言定卖价市洋贰仟零壹拾捌元捌角整。其洋亲手领足,其业任凭买主耕管为业。日后,不得异言反悔。恐口无无[1]凭,立此卖契一纸为据。

　　立除帖字人吴明珠,今因除出天柱粮按丈田之数,过与吴明修名下承当完纳,所除是实。

　　契内之洋,壹并领清,所领是实。

中　　　吴受训<br>
凭代笔　吴宗贤<br>
中<br>
房亲　　吴宗义<br>
卖主　　吴明珠

中华民国叁拾弍年九月初六日　立卖
永远耕管

[1]删除一个"无"字。

# 民国三十二年十月十二日吴明珠卖轿子会契字

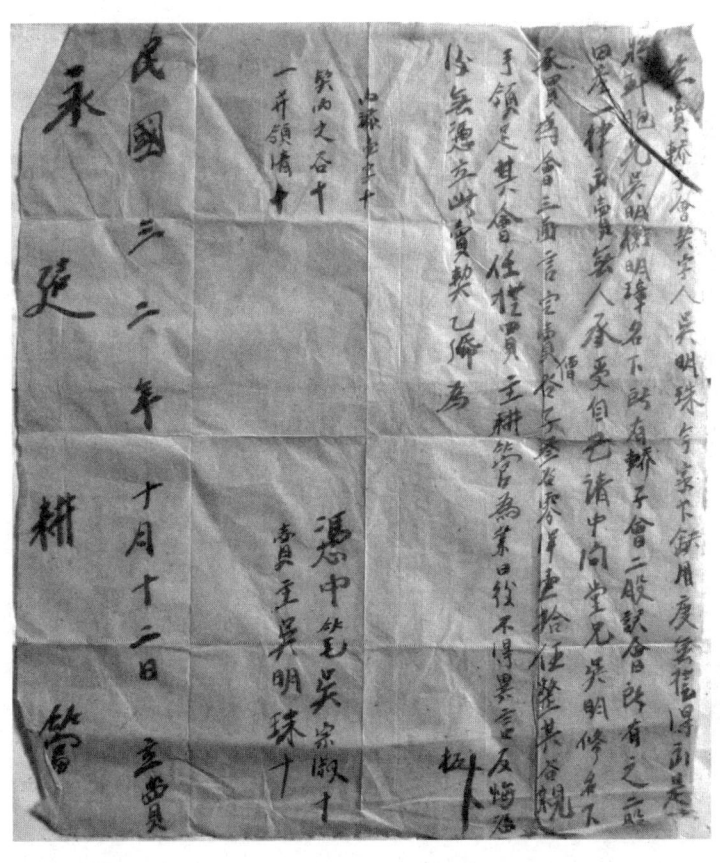

民国三二年十月十二日　立卖
永远耕管

　　立卖轿子会契字人吴明珠，今家下缺用度，无从得出。是以，将到胞兄吴明衡、明璋名下所有轿子会二股，该会所有之二股田产一律出卖，无人承受。自己请中问堂兄吴明修名下承买为会。三面言定卖价谷子叁石零洋壹拾伍整。其谷亲手领足，其会任从买主耕管为业。日后，不得异言反悔。恐后无凭，立此卖契一纸为据。
　　内添壹字。
　　契内之谷，一并领清。
　　凭中笔　吴宗淑
　　卖主　　吴明珠

永兴村杨喜英家藏文书

# 民国三十二年十一月二十二日吴明珠卖水田契字

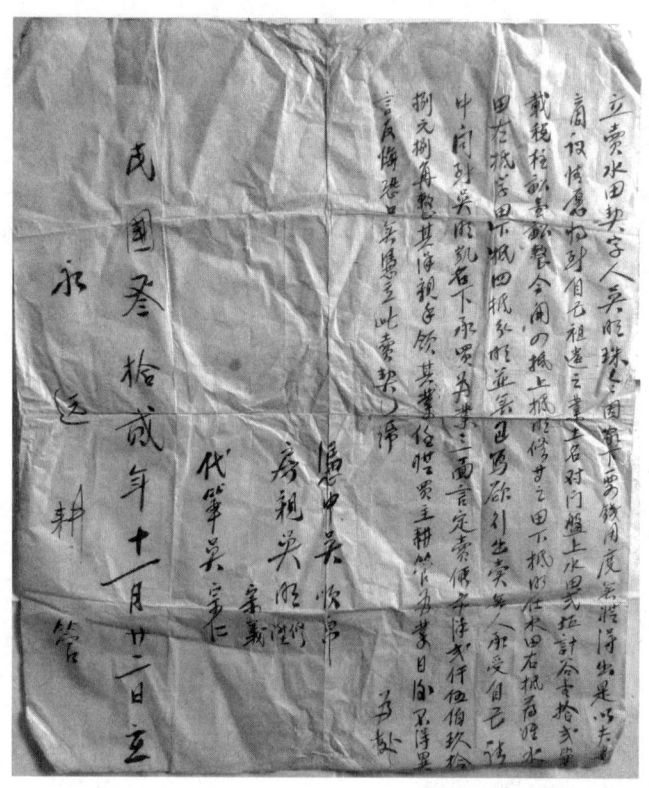

反悔。恐口无凭,立此卖契一纸为据。

民国叁拾贰年十一月廿二日　立
永远耕管

立卖水田契字人吴明珠,今因家下要钱用度,无从得出。是以,夫妻商议,情愿将到自己祖遗之业,土名:对门盘上,水田式坵,计谷壹拾弍箩,载税柱亩壹亩整。今开四抵:上抵明修等之田,下抵明仕水田,右抵蒋姓水田,左抵学田下抵,四抵分明,并无包写,欲行出卖,无人承受。自己请中问到吴明凯名下承买为业。三面言定卖价市洋弍仟伍伯(佰)玖拾捌元捌角整。其洋亲手领[足],其业任从买主耕管为业。日后,不得异言

凭中　吴顺帛
房亲　吴明修升
　　　　　宗义
代笔　吴宗仁

# 民国三十二年阴十二月初二日迁徙证明

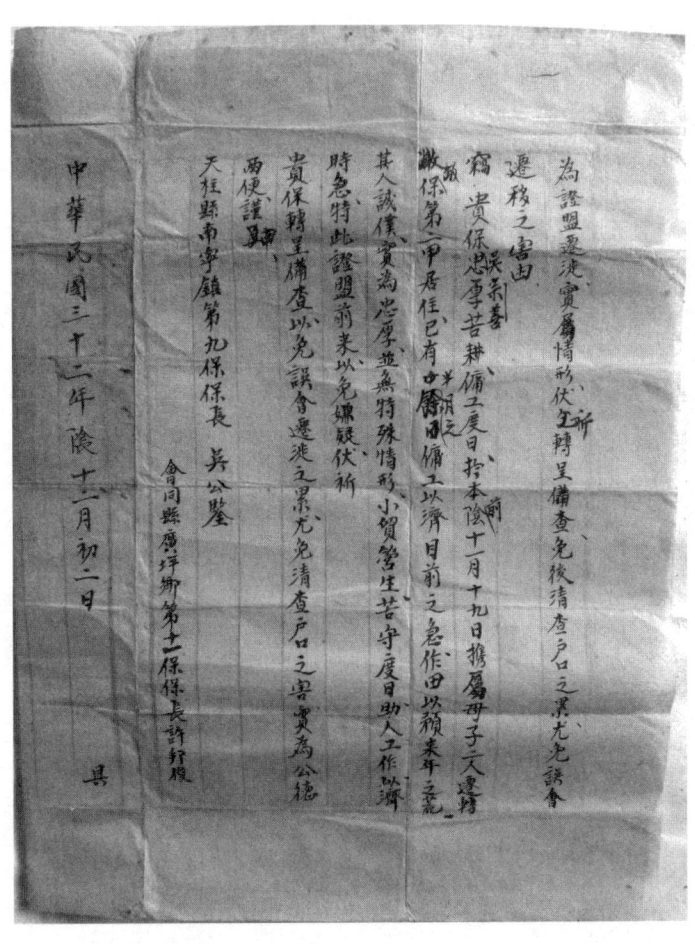

为证盟迁徙实属情形：伏祈转呈备查，免后清查户口之累，尤免误会迁移之害由。

窃贵保吴宗善、忠厚，苦耕佣工度日，拎（於）本前阴十一月十九日携属母子二人迁转敝保第二甲居住，已有半月之余，佣工以济，目前之急，作田以预来年之荒。其人诚仆（朴），实为忠厚，并无特殊情形，小贸营生，苦守度日，助人工作，以济时急。特此证盟明前来，以免嫌疑伏祈，贵保转呈备查，以免误会迁徙之累，尤免清查户口之害，实为公德两便，谨申。

天柱县南宁镇第九保保长　吴公鉴
会同县广坪乡第十一保保长　许邦俊
中华民国三十二年阴十二月初二日　具

# 民国三十二年十二月初八日吴明珠卖水田契字

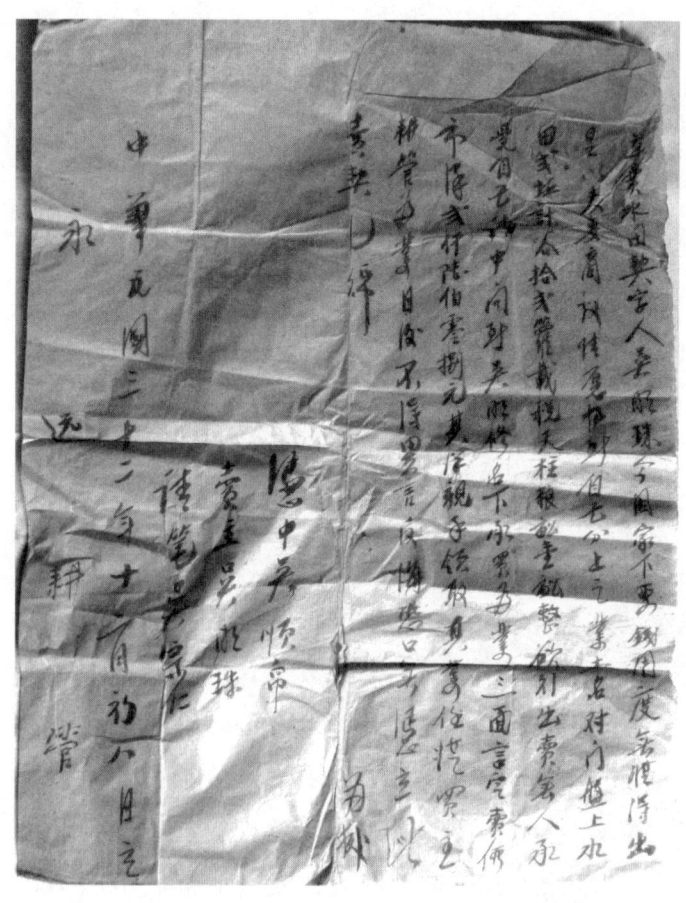

中华民国三十二年十二月初八日　立
永远耕管

立卖水田契字人吴明珠，今因家下要钱用度，无从得出。是以，夫妻商议，情愿将到自己分上之业，土名：对门盘上，水田弐坵，计谷拾弍箩，载税天柱粮亩壹亩整，欲行出卖，无人承受。自己请中问到吴明修名下承买为业。三面言定卖价市洋弍仟陆伯（佰）零捌元。其洋亲手领取，其业任从买主耕管为业。日后，不得异言反悔。恐口无凭，立此卖契一纸为据。

凭中　吴顺帛
卖主　吴明珠
请笔　吴宗仁

## 民国三十四年二月初八日
## 吴得荣卖油山百木地基契

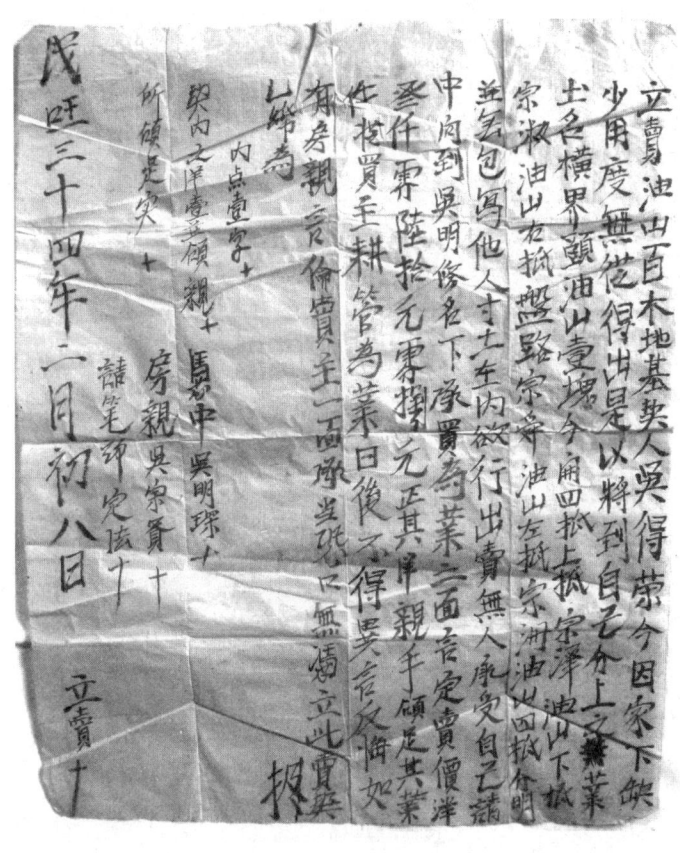

立卖油山、百木、地基契人吴得荣,今因家下缺少用度,无从得出。是以,将到自己分上之业,土名:横界头,油山壹块。今开四抵:上抵宗泽油山,下抵宗淑油山,右抵盘路宗舜油山,左抵宗洲油山,四抵分明,并无包写他人寸土在内,欲行出卖,无人承受。自己请中问到吴明修名下承买为业。三面言定卖价洋叁仟零陆拾元零捌元(角)正。其洋亲手领足,其业任凭买主耕管为业。日后,不得异言反悔。如有房亲言论,买主一面承当。恐口无凭,立此卖契一纸为据。

内点壹字。

契内之洋壹并领亲(清),所领是实。

凭中　吴明琛
房亲　吴宗贤
请笔　□定法

民国三十四年二月初八日　立卖

# 民国三十五年十一月二十六日吴明珠卖水田契

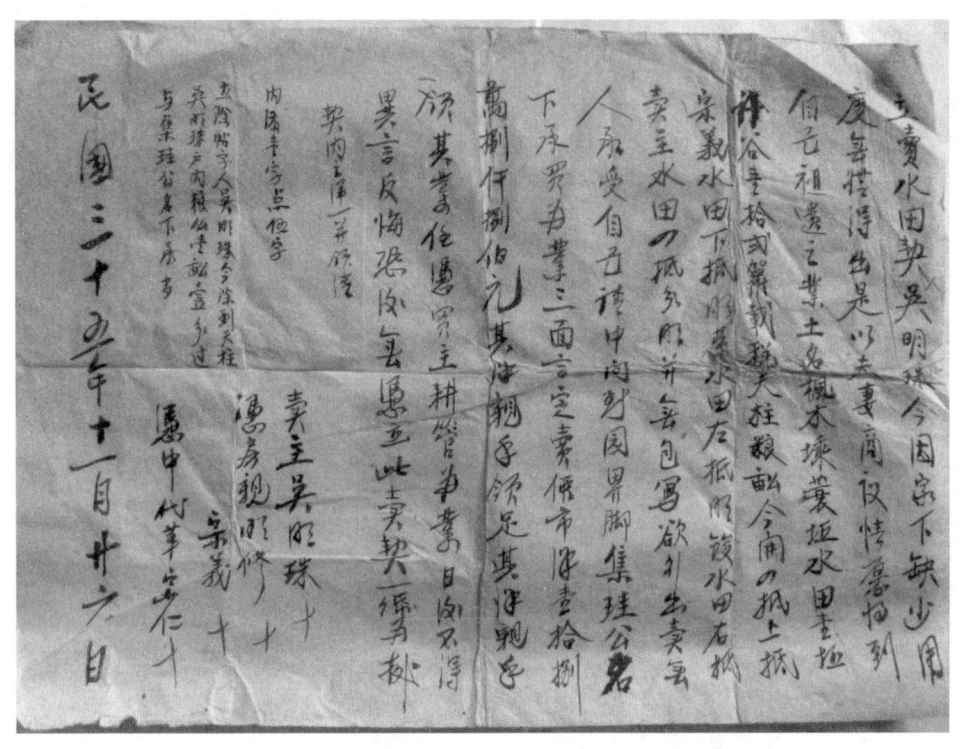

立卖水田契人吴明珠,今因家下缺少用度,无从得出。是以,夫妻商议,情愿将到自己祖遗之业,土名:枫木塝蓑垴,水田壹垴,计谷壹拾弍箩,载税天柱粮亩。今开四抵:上抵宗义水田,下抵明荣水田,左抵明埈水田,右抵卖主水田,四抵分明,并无包写,欲行出卖,无人承受。自己请中问到园界脚集珈公名下承买为业。三面言定卖价市洋壹拾捌万捌仟捌伯(佰)元。其洋亲手领[足],其业任凭买主耕管为业。日后,不得异言反悔。恐后无凭,立此卖契一纸为据。

契内之洋,一并领清。

内添壹字,点伍字。

立除帖字人吴明珠,今除到天柱吴明珠户内粮么(亩)壹亩壹分,过与集珪公名下承当。

卖主　吴明珠

凭房亲　明修
　　　　宗义
凭中代笔　宗仁

民国三十五年十一月廿六日

# 民国三十五年十一月二十七日吴宗泽卖水田契

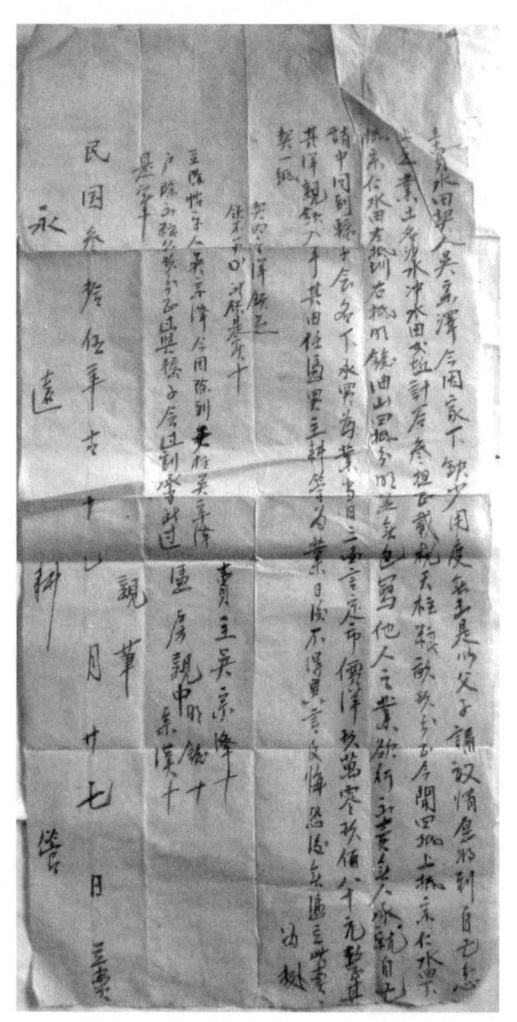

民国叁拾伍年古十一月廿七日 立卖
永远耕管

　　立卖水田契人吴宗泽，今因家下缺少用度，无出。是以，父子商议，情愿将到自己忿（分）上之业，土名：沙水冲，水田弍坵，计谷叁担正，载税天柱粮亩玖分正。今开四抵：上抵宗仁水田，下抵宗仁水田，左抵圳，右抵明镜油山，四抵分明，并无包写他人之业，欲行出卖，无人承就（受）。自己请中问到轿子会名下承买为业。当日三面言定市价洋玖万零玖佰八十元整。其其[1]洋亲领入手，其田任凭买主耕管为业。日后，不得异言反悔。恐后无凭，立此卖契一纸为据。

　　契内之洋领足，领不另书，所领是实。

　　立除帖字人吴宗泽，今因除到天柱吴宗泽户，除出粮么（亩）玖分正，过与轿子会过割承当，所过是实。

　　　卖主　吴宗泽

　　　凭房亲中[2]　明镜
　　　　　　　　　宗汉
　　　亲笔

[1]删除一个"其"。
[2]"房亲中"，表示此人在本次交易中，既是房族亲戚身份，又是中人身份。

# 民国三十五年十一月二十六日吴明修卖水田契

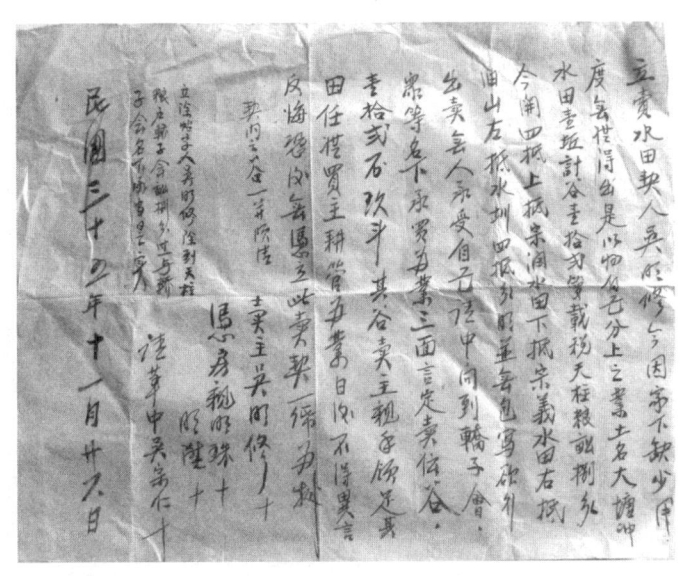

立卖水田契人吴明修，今因家下缺少用度，无从得出。是以，将自己分上之业，土名：大塘冲，水田壹坵，计谷壹拾贰箩，载税天柱粮亩捌分。今开四抵：上抵宗润水田，下抵宗义水田，右抵油山，左抵水圳，四抵分明，并无包写，欲行出卖，无人承受。自己请中问到轿子会众等名下承买为业。三面言定卖价谷壹拾贰石玖斗。其谷卖主亲手领足，其田任从买主耕管为业。日后，不得异言反悔。恐后无凭，立此卖契一纸为据。

契内之谷，一并领清。

立除帖字人吴明修，除到天柱粮户轿子会亩捌分，过与轿子会名下承当，是实。

卖主　吴明修
凭房亲　明珠
　　　　明升
请笔中　吴宗仁

民国三十五年十一月廿六日

# 周德公运粮谷名单（时间不详）

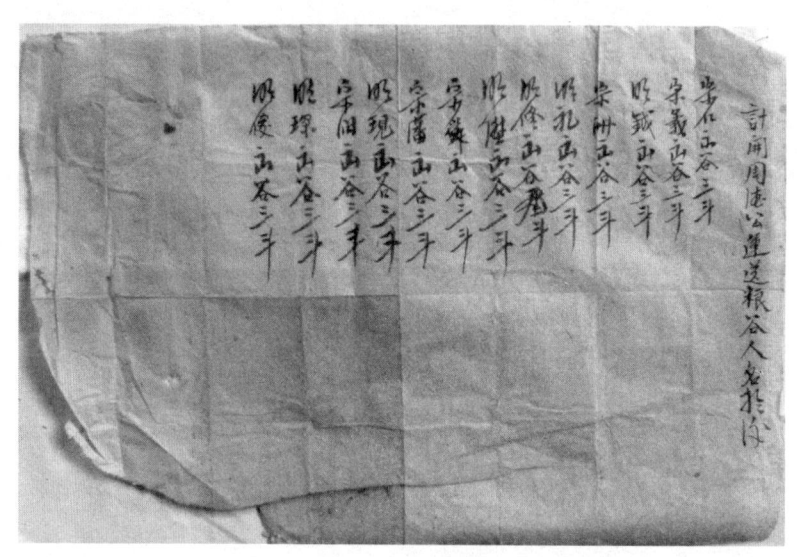

计开周德公运送粮谷人名□□
宗仁出谷三斗
宗义出谷三斗
明钺出谷三斗
宗洲出谷三斗
明礼出谷三斗
明修出谷三斗
明升出谷三斗
宗舜出谷三斗
宗藩出谷三斗
明现出谷三斗
宗润出谷三斗
明琛出谷三斗
明俊出谷三斗

# 吴明钊当水田契（时间不详）

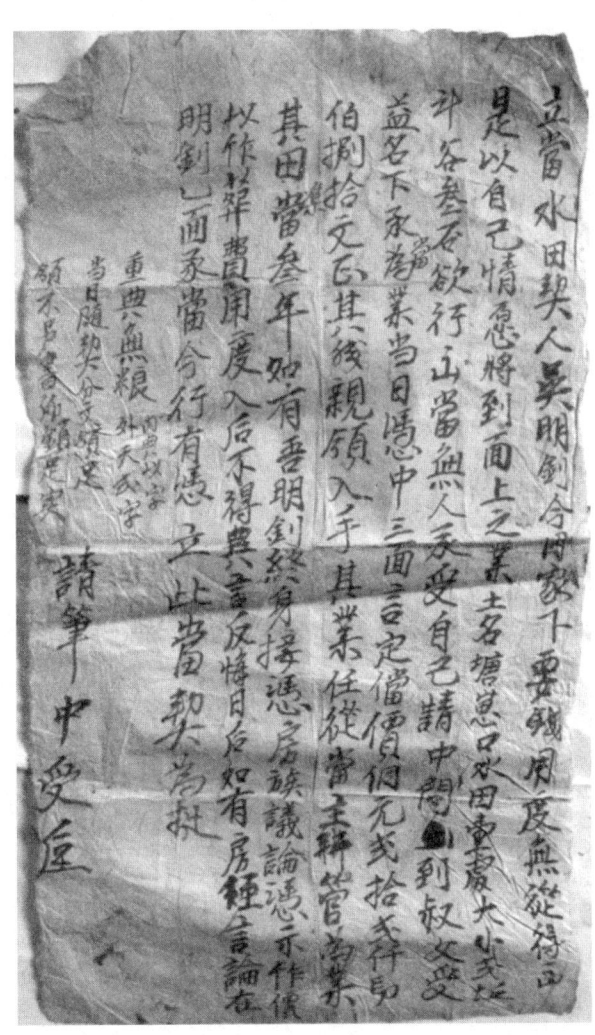

　　立当水田契人吴明钊，今因家下要钱用度，无从得出。是以，自己情愿将到面上之业，土名：塘崽口，水田壹处，大小弍坵，计谷叁石，欲行出当，无人承受。自己请中问到叔父受益名下承当为业。当日凭中三面言定当价铜元弍拾弍仟肆伯（佰）捌拾文正。其钱亲领入手。其业任从当主耕管为业，其田准当叁年。如有吾（吴）明钊终身［未赎取］，接凭房族议论，凭示作价，以作葬费用度。入（日）后不得异言反悔。日后，如有房侄言论，在明钊一面承当。今行（幸）有凭，立此当契为据。

　　重典无粮。

　　内典（点）以（一）字，外天（添）弍字。

　　当日随契分文领足，领不另书，所领是实。

　　　　　　　请笔中　受皇

岩古村吴会济家藏文书

# 咸丰二年六月初三日吴增华卖房屋地基百并在内契

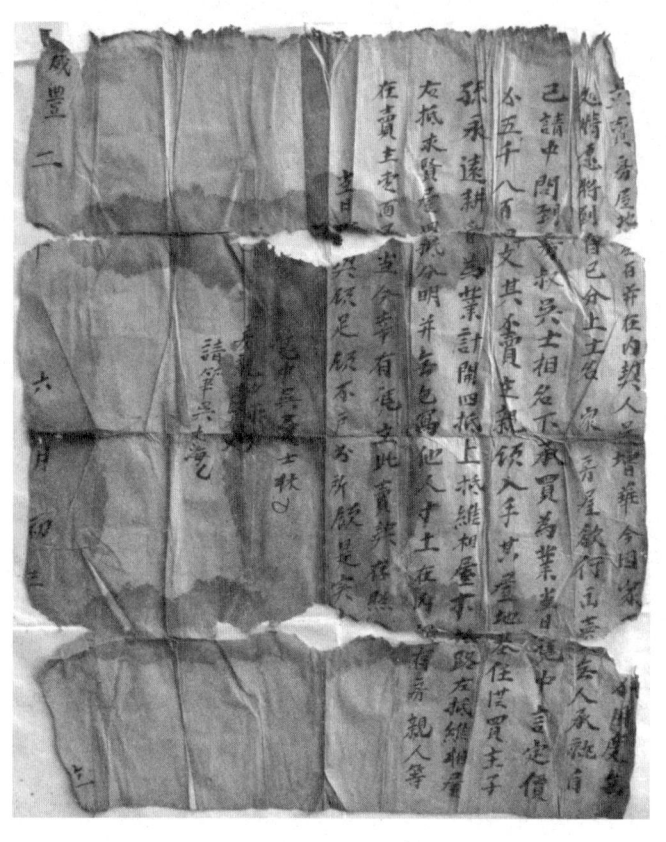

立卖房屋、地基、百并在内契人吴增华，今因家下要钱用度，无处（出）。情愿将到自己分上［之业］，土名：家房屋，欲行出卖，无人承孰（受）。自己请中问到房叔吴士相名下承买为业。当日凭中言定价钱五千八百四十文。其钱卖主亲领入手，其屋地基任从买主子孙永远耕管为业。计开四抵：上抵维相屋，下抵路，左抵维相屋，右抵求贤屋，四抵分明，并无包写他人寸土在内。如有房亲人等［言论］，在卖主壹面承当。今幸有凭，立此卖契存照。

当日随契领足，领不户（另）书，所领是实。

咸丰二年六月初三　立

凭中　吴士林

房亲　申荣
　　　求贤

请笔　吴文海

# 同治五年三月初二日吴顺桢卖水田契

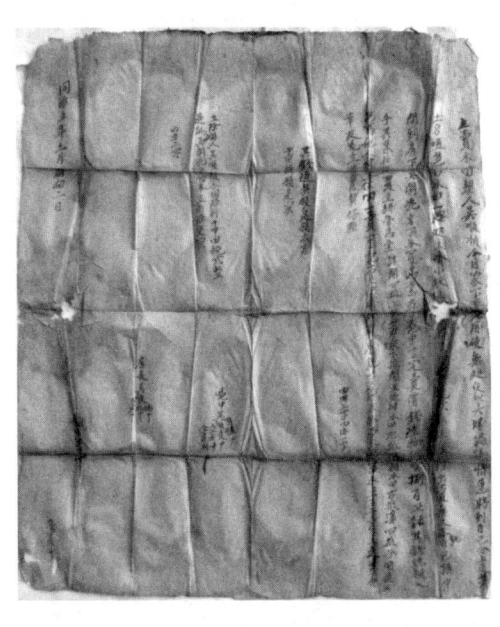

立卖水田契人吴顺桢，今因家下要钱使用，无处（出）。使（是）以，夫妻商议，情愿将到自己分上之业，土名：哑芭口，水田一处，大小玖坵，□□[1]拾石正，载税弍亩正，欲行出卖，无人承孰（受）。自己请中问到房下吴开先名下承买为业。当日凭中言定卖价钱陆拾玖千捌百正。其钱亲领入手，其业任从买主耕管为业。计开四抵：上抵芳（荒）塽，下抵开主受禄水田，左抵顺栢水田，右抵溪，四抵分明，并无包写他人寸土在内。一卖一了，记（既）卖伊（永）休。如有房亲言论，在於卖主一面承当，不干买主之事。今幸友（有）凭，立此卖契存照。

　　内典（点）三字，内添一字。

　　其钱随契领足，领不另书，所领是实。

　　立除帖人吴顺桢，今因除到十甲田税弍亩正，过於八甲吴开先户内承当，所除是实。

　　内添二字。

|  |  |
|---|---|
| 凭中 | 吴 顺桂／顺贵／受秦／全秀林 |
| 房长 | 吴 彬／顺杞／受典 |

同治五年三月初二日

[1]此处残缺二字，疑为"计谷"二字。

# 同治五年十二月初二日吴开炳卖油树杉杂木堎契

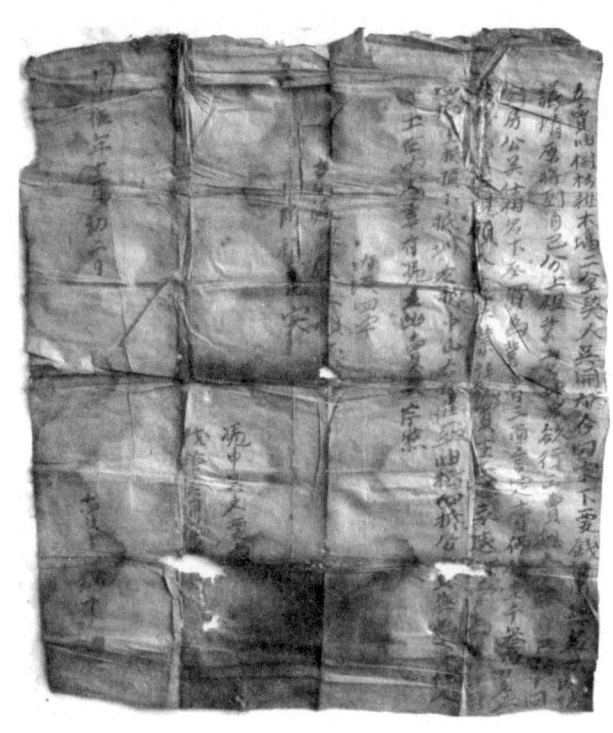

　　立卖油树、杉杂木、堎二坌契人吴开炳，今因家下要钱使用，无名[1]。是以，商议，情原（愿）将到自己分上祖业，土名：坪岩，欲行出卖，无人承熟（受）。自己请中问到房公吴仕相名下承买为业。当日三面言定卖价钱壹千叁伯（佰）廿文正。其钱卖主亲领入手，其业任从买主子孙永远耕管为业。计开四抵：上抵顶，下抵圳，左抵众山，右抵椎盛油树，四抵分明，并无包卖他人寸土在内。今幸有凭，立此卖契存照。

内添四字。
当日随契领足，领不另书，所领是实。

凭中　吴文雯<br>代笔　吴开发

同治伍年十二月初二日　卖主　开炳

[1]"名"，疑为"门"。

# 同治九年九月十四日吴门□罗氏福妹卖油树契

　　立卖油树契人吴门□罗氏福妹，今因家下要钱用度，无处（出）。蒋（将）到自己分上〔之业〕，土名：大吉冲，□□运油树二块，无人承就（受）。请中问到房祖吴名开承买为业。当日三面定卖价钱式伯（佰）文正。其钱清（亲）领入手，其业任从买主耕管为业。未开四氏（抵），照老□基管业。今幸有凭，立此买（卖）契存照。

　　当日随契分文领足，不欠分文，所领是实。

　　又并竹冲油树一块在内。

凭房长　吴　德明<br>
　　　　　　文斗<br>
　　　　　　魁廷<br>
　　　　开　枯礼<br>
　　笔　开照

同治九年九月十四日　立

# 光绪二十六年十二月初二日吴顺熙卖堵冲契

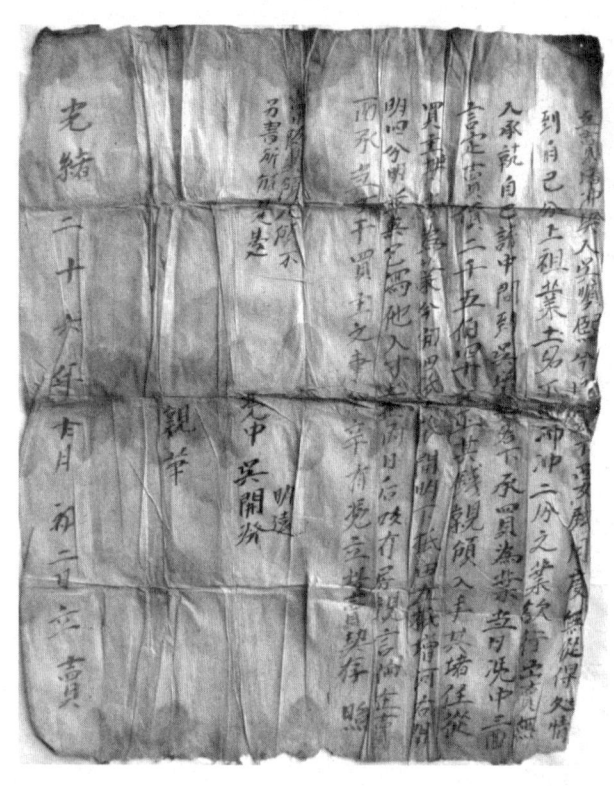

　　立卖堵（塝）冲契人吴顺熙，今因家下要钱用度，无从得处（出）。情［愿将］到自己分上祖业，土名：下面冲冲，二分之业，欲行出卖，无人承孰（受）。自己请中问到吴增兴名下承买为业。当日凭中三面言定卖价二千五伯（佰）四十文正。其钱亲领入手。其堵（塝）任从买主耕管为业。今开四抵：上抵开明，下抵田，左抵增河，右［抵］开明，四［抵］分明，并无包写他人寸土在内。日后，咬（如）有房亲言论，在卖［主］一面承当，不干买主之事。今辛（幸）有凭，立此卖契存照。

　　当日随契领足，领不另书，所领是实。

凭中　吴 明远
　　　　　 开发
亲笔

光绪二十六年十二月初二日　立卖

# 光绪三十一年正月二十四日吴修家卖荒山百木契

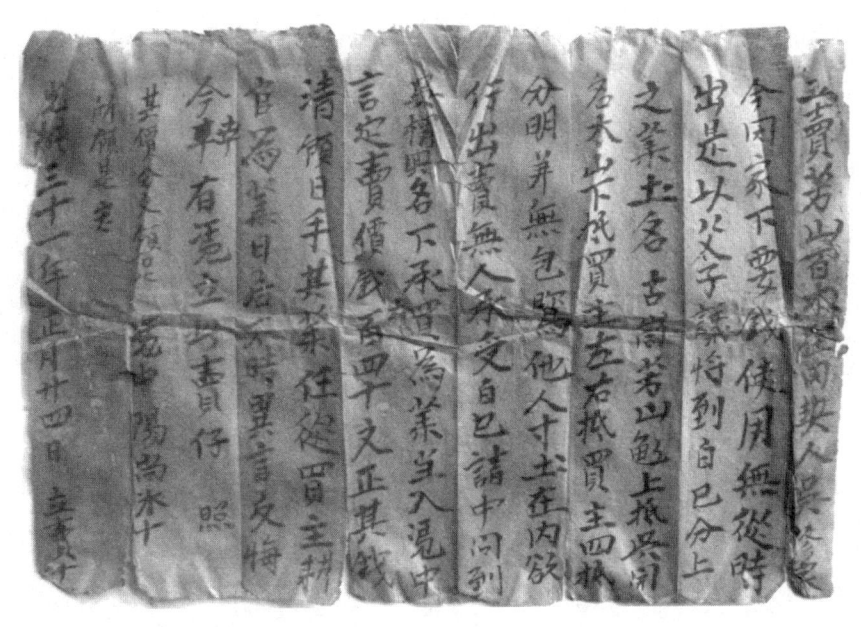

　　立卖芳（荒）山、百木在内契人吴修家，今因家下要钱使用，无从时（得）出。是以，父子[商]议，将到白（自）巳（己）分上之业，土名：古嵩，芳（荒）山口，上抵吴开名木山，下抵买主，左右抵买主，四抵分明，并无包写他人寸土在内，欲行出卖，无人承受。白（自）巳（己）请中问到吴口兴名下承买为业。当入（日）凭中言定卖价钱六百四十文正。其钱清（亲）领日（入）手，其业任从买主耕官（管）为业。日后，不时（得）异言反悔。今幸有凭，立此卖[契]仔（存）照。

　　其价分文领足，所领是实。

凭中　阳尚木

光绪三十一年正月廿四日　立卖

# 光绪三十四年二月初三日吴运智卖水田契

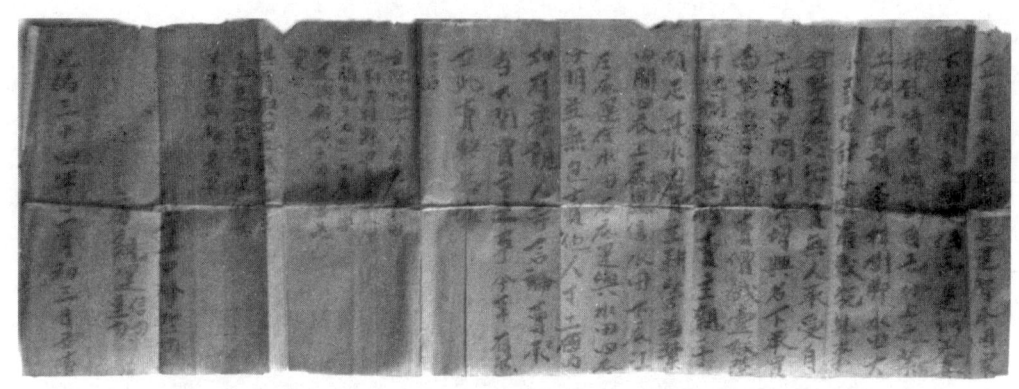

　　立卖水田契人吴运智，今因家下要钱用度，无从得出。是以，夫妻商议，情愿将到自己分上之业，土名：竹贯头李梓树脚，水田大小贰坵，计谷捌箩（箩），载税亩柒分整，欲行出卖，无人承受。自己请中问到吴增兴名下承买为业。当日凭中卖价钱壹拾陆仟零捌拾文。其钱卖主亲手领足，其水田买主耕管为业。内开四底（抵）：上底（抵）运信水田，下底（抵）江，左底（抵）运在水田，右底（抵）运兴水田，四底（抵）分明，并无包卖他人寸土在内。如有房亲人等言论，卖主承当，不关买主之事。今幸有凭，立此卖契为据。

　　内添一字。

　　立除帖字人吴运智，今因除到天柱县兴文里下八甲吴开先户内，除出毛亩柒分，过与伯发户内承当，是实。

　　其有契内之钱，卖主壹并分文领足，领不另书，所领是实。

请笔中　会陞<br>
房亲　运　信<br>
　　　　　连

光绪三十四年二月初三日　立卖

# 宣统二年八月吉日过亩底单

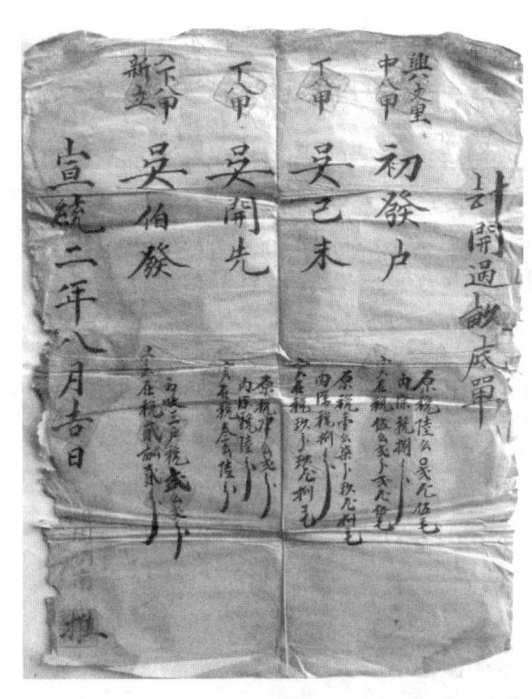

| | | | |
|---|---|---|---|
| 计开过亩底单 | 兴文里 | 初发户 | 原税陆么（亩）〇弍厘伍毛 内除税捌分 实在（载）税伍么（亩）弍分弍厘伍毛 |
| | 中八甲 | | |
| | 下八甲 | 吴己未 | 原税壹么（亩）柒分玖厘捌毛 内除税捌分 实在（载）税玖分玖厘捌毛 |
| | 下八甲 | 吴开先 | 原税肆么（亩）弍分 内除税陆分 实在（载）税叁么（亩）陆分 |
| | 入下八甲 新立 | 吴伯发 | 初收三户税弍么（亩）弍分 实在（载）税贰亩贰分 |
| 宣统二年八月吉日　推 | | | |

# 宣统三年十二月十二日吴开德卖油树荒山百木地基契

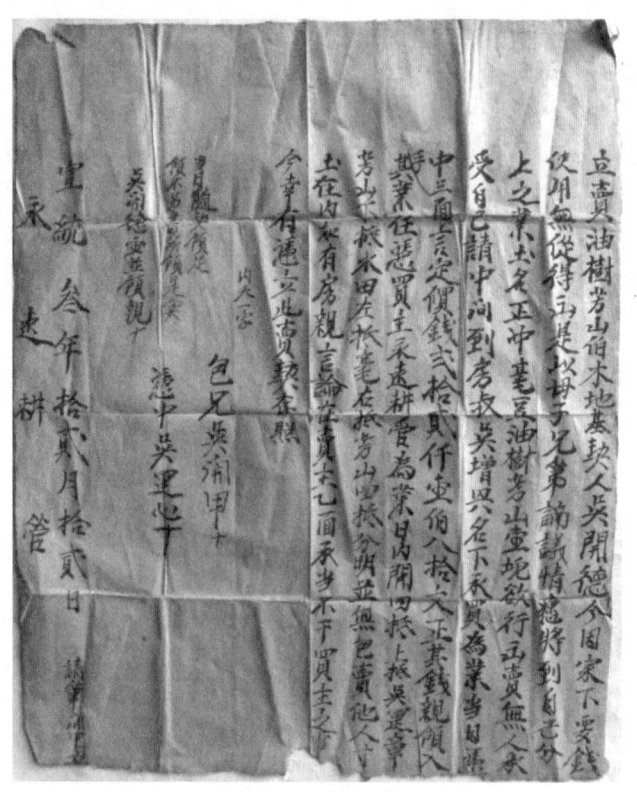

立卖油树、芳(荒)山、伯(百)木、地基契人吴开德,今因家下要钱使用,无从得出。是以,母子兄第(弟)商议,情愿将到自己分上之业,土名:正冲毫豆,油树芳(荒)山壹块,欲行出卖,无人承受。自己请中问到房叔吴增兴名下承买为业。当日凭中三面言定价钱式拾贰仟壹伯(佰)八拾文正。其钱亲领入手,其业任凭买主永远耕管为业。日内[1]开四抵:上抵吴运章芳(荒)山,下抵水田,左抵毫,右抵芳(荒)山,四抵分明,并无包卖他人寸土在内。如有房亲言论,在卖主一面承当,不干买主之事。今幸有凭,立此卖契存照。

内天(添)一字。

当日随契领足,领不另书,所领是实,吴开德壹并领亲(清)。

包(胞)兄　吴开甲
凭中　吴运心

宣统叁年拾贰月拾贰日　请笔　开甲　立
永远耕管

[1]"日内",地湖等地方言,按照地湖契约一般写法,应改为"今"。

# 民国元年二月初四日蒋荣富卖荒山契

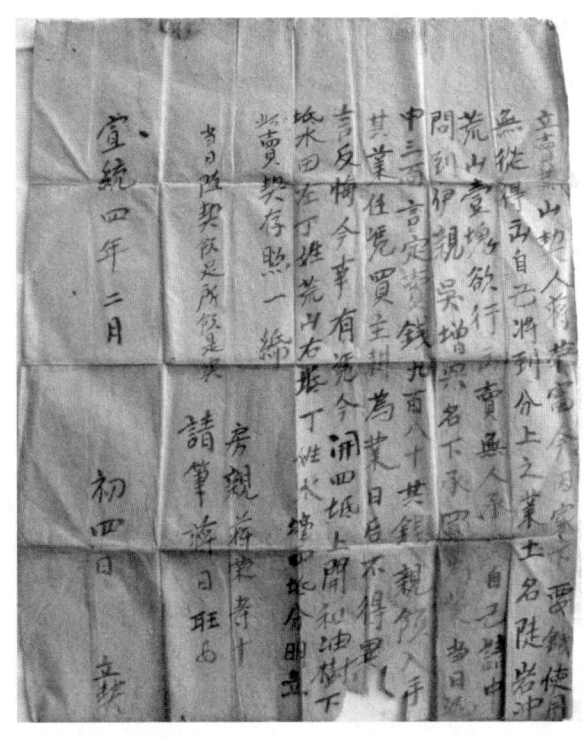

立卖荒山契人蒋荣富，今因家下要钱使用，无从得出。自己将到分上之业，土名：陡岩冲，荒山壹块，欲行出卖，无人承受。自己请中问到伊亲吴增兴名下承买为业。当日凭中三面言定卖[价]钱九百八十[文]。其钱亲领入手，其业任凭买主耕[管]为业。日后，不得异言反悔。今幸有凭，今开四坵（抵）：上[抵]开和油树，下坵（抵）水田，左[抵]丁姓荒山，右坵（抵）丁姓水壕，四坵（抵）分明。立此卖契存照一纸。

当日随契领足，所领是实。

房亲　蒋荣寿
请笔　蒋日旺

宣统四年[1]二月初四日　立契

[1]"宣统四年"，应为"民国元年"。

# 民国元年五月吉日过亩清单

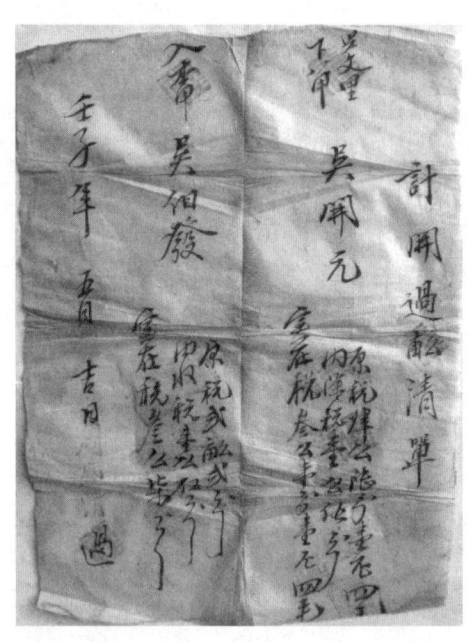

| | | | |
|---|---|---|---|
| 壬子年五月吉日过 | 入本甲 | 下八甲 | 计开过亩清单 |
| | 吴伯发 | 吴开元 | |
| | 原税弍亩弍分 | 内除税壹么（亩）伍分 | 原税肆么（亩）陆分壹厘四毛 |
| | 内收税壹么（亩）伍分 | 实在（载）税叁么（亩）壹分 | 内除税壹么（亩）伍分 |
| | 实在（载）税叁么（亩）柒分 | 壹厘四毛 | 实在（载）税叁么（亩）壹分 |

地湖文书校释 卷二

102

# 民国元年十一月十七日吴运智卖水田契

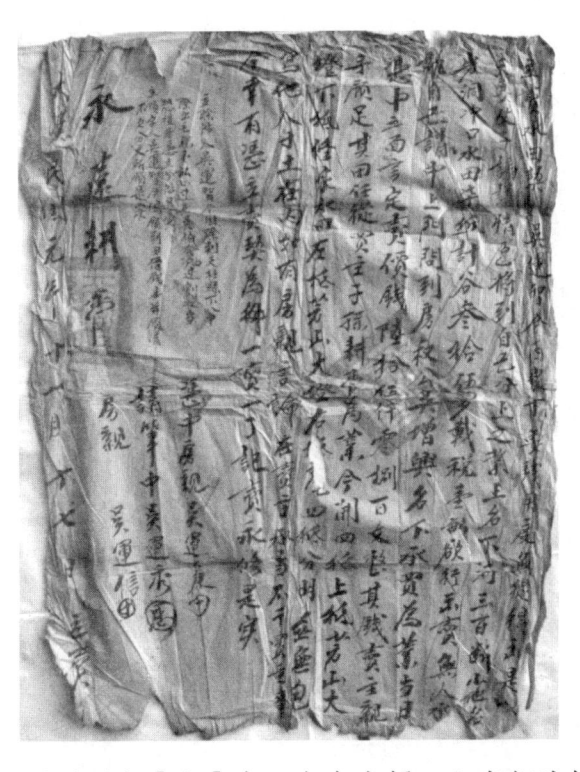

　　立卖水田契人吴运智，今因家下要钱用度，无从得出。是以，夫妻父子商议，情愿将到自己分上之业，土名：下河[1]三百断，小地名：岩洞冲口，水田柒坵，计谷叁拾伍罗（箩），载税壹亩，欲行出卖，无人承執（受）。自己请中上门问到房叔公吴增兴名下承买为业。当日凭中三面言定卖价钱陆拾伍仟零捌百文整。其钱卖主亲手领足，其田任从买主子孙耕管为业。今开四抵：上抵芳（荒）山大墱，下抵修家水田，左抵芳（荒）山大墱，右抵亳（壕），四抵分明，并无包写他人寸土在内。如有房亲言论，在卖主承当，不干买主[之]事。今幸有凭，立卖契为据。一卖一了，记（既）卖永休，是实。

　　立除帖人吴运智，今因除到天柱县下八甲，除出毛税壹亩正，过与吴伯发户内过割收当。恐后无凭，立除帖，是实。

　　立领字人吴运智，今因领到田价钱，壹并领清，不欠分文，所领是实。

凭中房亲　吴运廉

请笔中　吴运秀

房亲　吴运信

永远耕管

大汉民国元年十一月十七日　立卖

[1]"下河"，系地湖乡岩古村辖自然村寨，吴姓为主。

# 民国三年九月二十三日吴会兴分关约字

  立分关各约字人吴会兴，今因父子情愿，二子均派，租（祖）遗新至（置）之业，各管乾坤，父为天，母为天，二子为地，天地[1]天地相合，焕乎，其有文章，房房发达，长发其祥。……水田一处；又并□□冲水田一处；又并苟头冲水田一处；又并大李木冲口水田一处；又并荒山在内；又并宋家山口水田一处；又并园场上忿（份）；又并大园场一忿（份）；又并油梅□□冲油树一块；又并荒山一块；又并□□冲荒山一块；又并□望荒山贰块；又并□冲头荒山一块；又并上凭岩荒山一块；又［并］下凭岩祖遗贰块；新至□一块在内；……房屋其有场店房在众为分。

  分约内除水田□□羊冲水田一处；又并箭头冲上忿（份）水田一处；除□父母养老；内除熙冲养木式灯（凳），长兄吴开煜耕管为养木，又并冲上灯（凳）。

凭亲戚代笔　□□□<br>唐仁申<br>潘文元<br>富兄长<br>吴开煜

甲寅岁玖月二十三日　发

永远发达

[1] 此处多一个"天地"，应删除。

# 民国四年二月十三日吴运智卖荒山百木地基契

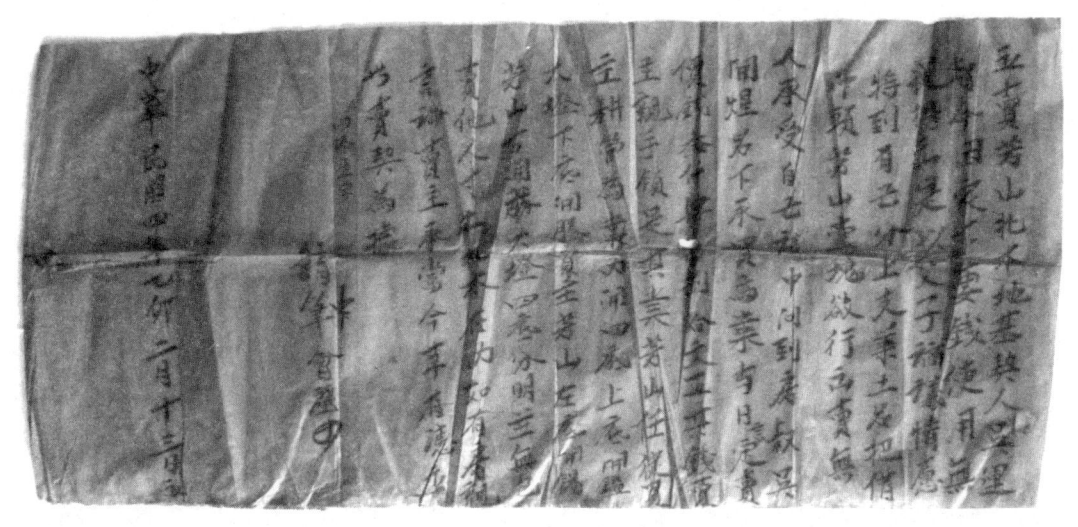

立卖芳(荒)山、北(百)木、地基契人吴运智，今因家下要钱使用，无从得出。是以，父子商议，情愿将到自己分上支(之)业，土名：把借冲头，芳(荒)山壹块，欲行出卖，无人承受。自己请中问到房叔吴开煜名下承买为业。当日言定卖价钱叁仟肆佰捌拾文正。其钱卖主亲手领足，其业芳(荒)山任从买主耕管为业。内开四底(抵)：上底(抵)开镒大墱，下底(抵)开胜、买主芳(荒)山，左底(抵)开锡芳(荒)山，右[抵]开口大墱，四底(抵)分明，并无包卖他人寸土北(百)木在内。如有房亲言论，卖主承当。今幸有凭，立此卖契为据。

内添壹字。

请笔中　会壁

中华民国四年乙卯二月十三日　立

# 民国五年九月二十八日
# 蒋景元卖房屋瓦介角柱子方片地脚等契

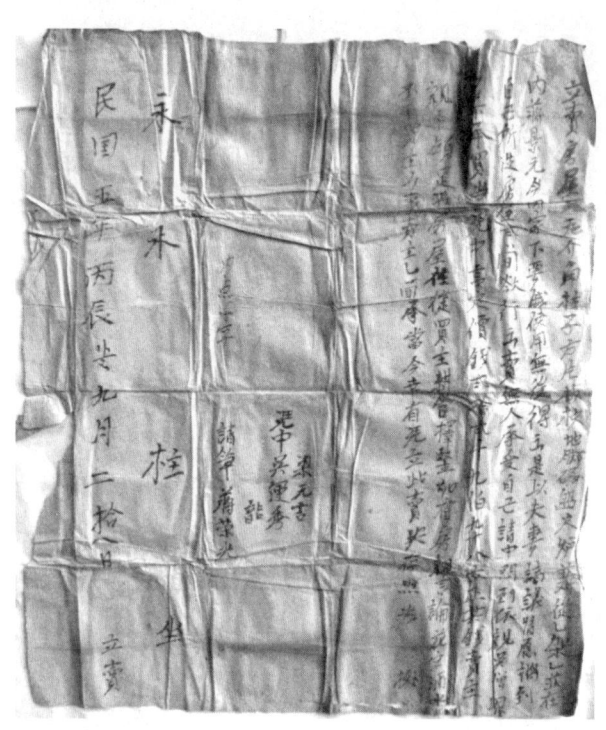

　　立卖房屋、瓦介角、柱子、方片、板秧（块）、地脚、磉盘、火炉，并对[1]（碓）从一架一并在内蒋景元，今因家下要钱使用，无从得出。是以，夫妻商议，情愿将到自己所造房屋式间，欲行出卖，无人承受。自己请中问到依（伊）亲吴增兴名下承买。当日凭中言定价钱式拾式千九伯（佰）九十八文正。其钱卖主亲手领足，其房屋任从买主耕管择竖[2]。如有房亲言论，花字酒水，不干买主之事，卖主一面承当。今幸有凭，立此卖契存照为据。

　　内点一字。

凭中　梁元吉
　　　运秀
　　吴
　　　龙
请笔　蒋荣光

永永（远）柱（住）坐
民国五年丙辰岁九月二拾八日　　立卖

[1]"对"，应为"碓"，指由木石做成的捣米器具。
[2]"竖"在地湖等地方言中为"建造"之意，"竖房子"意为"建造房子"。

# 民国十年二月初四日吴运通卖荒山百木地基契

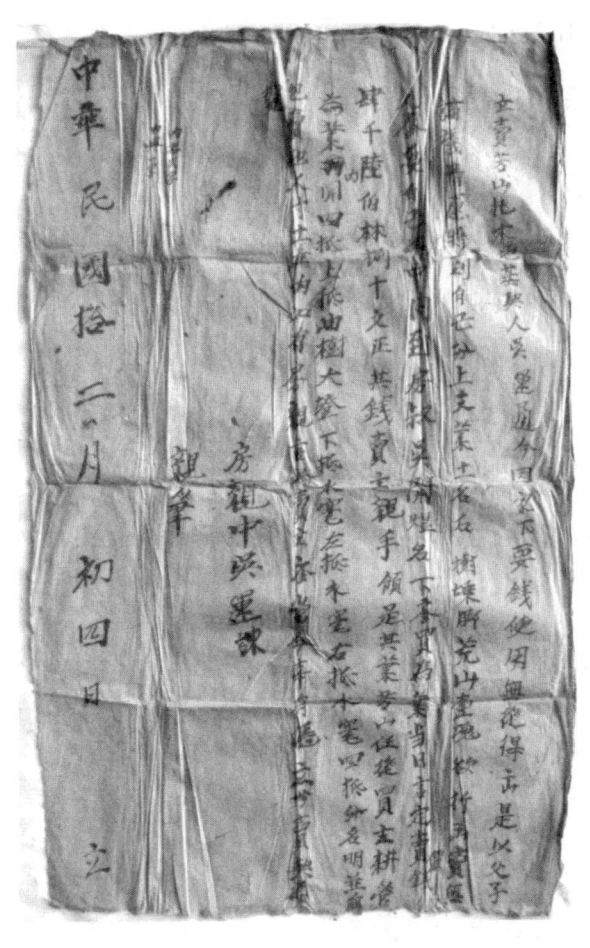

中华民国拾［年］二月初四日　立

　　立卖芳（荒）山、北（百）木、地基契人吴运通，今因家下要钱使用，无从得出。是以，父子商议，情愿将到自己分上支（之）业，土名：石树塛脚，荒山壹块，欲行出卖，无人承受。自己请中问到房叔吴开煜名下承买为业。当日凭中言定卖价钱肆千陆伯（佰）林（零）捌十文正。其钱卖主亲手领足，其业芳（荒）山任从买主耕管为业。内开四抵：上抵油树大墱，下抵水毫（壕），左抵水毫（壕），右抵水毫（壕），四抵分明，并无包卖他人寸土在内。如有房亲言论，卖主承当。今幸有凭，立此卖契为据。

　　内添弍字，内典（点）一字。
　　　　房亲中　吴运谏
　　　　亲笔

# 民国十年十月十六日吴开湘卖竹山柏木地基契

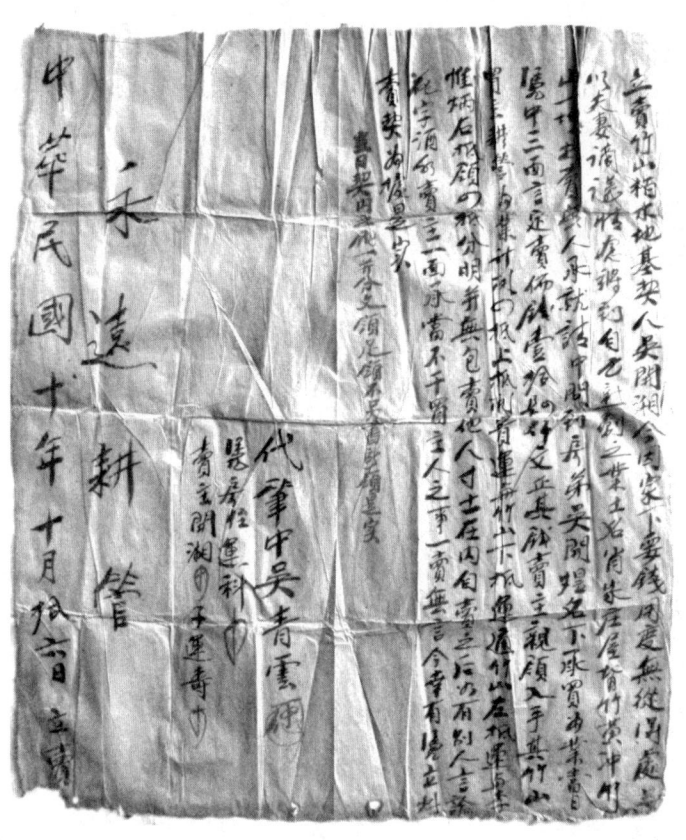

立卖竹山、栢（柏）木、地基契人吴开湘，今因家下要钱用度，无从得处（出）。是以，夫妻商议，情愿将到自己新创之业，土名：肖家庄屋背竹黄冲，竹山一块出卖，无人承就（受）。请中问到房弟吴开煜名下承买为业。当日凭中三面言定卖价钱壹拾肆仟文正。其钱卖主亲领入手，其竹山买主耕管为业。计开四抵：上抵开贵、运□竹山，下抵运通竹山，左抵运□李惟炳，右抵领（岭），四抵分明，并无包卖他人寸土在内。自卖之后，如有别人言论，花字酒水，卖主一面承当，不干买主人之事。一卖无言。今幸有凭，立此卖契为据，是实。

当日契内之钱一并分文领足，领不另书，所领是实。

　　　　　　代笔中　吴青云
　　　　　　凭房侄　运科
　　　　　　卖主　开湘　子运寿

永远耕管
中华民国十年十月拾六日　立卖

# 民国十二年十一月二十五日吴运贵卖竹山柏木契

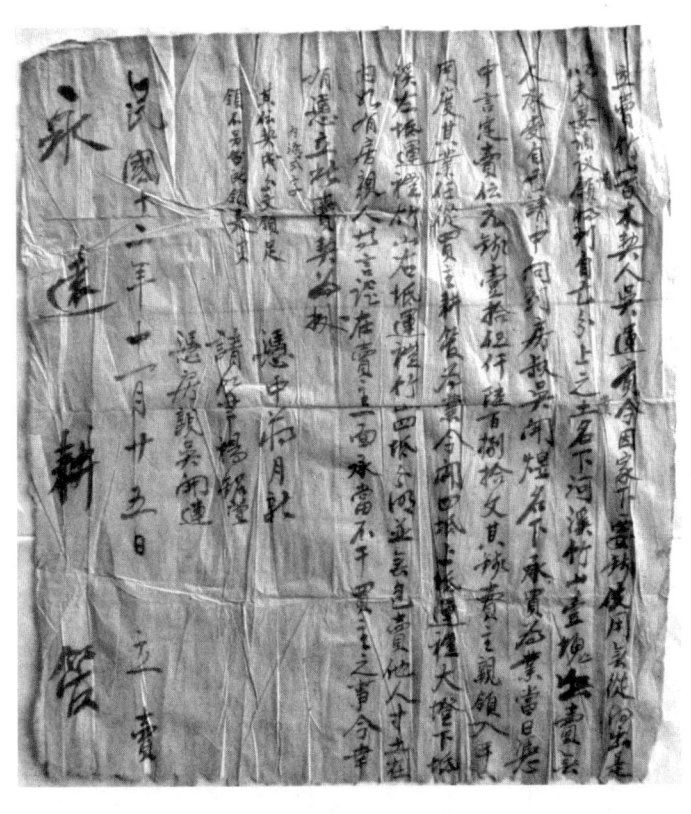

立卖竹山、百木契人吴运贵,今因家下要钱使用,无从得出。是以,夫妻商议,情愿将到自己分上之业,土名:下河溪,竹山壹块,出卖,无人承受。自己请中问到房叔吴开煜名下承买为业。当日凭中言定卖价元钱壹拾伍仟陆百捌拾文。其钱卖主亲领入手用度,其业任从买主耕管为业。今开四坻(抵):上坻(抵)运礼大墱,下坻(抵)溪,左坻(抵)运礼竹山,右坻(抵)运礼竹山,四坻(抵)分明,并无包卖他人寸土在内。如有房亲人等言论,在卖主一面承当,不干买主之事。今幸有凭,立此卖契为据。

内添弍字。

其价契钱分文领足,领不另书,所领是实。

      凭中  蒋月新
      请笔  杨铭萱
      凭房亲 吴开连

民国十二年十一月廿五日  立卖
永远耕管

# 民国十三年十一月十一日
## 吴门唐氏连閧吴开书母子卖荒山百木地基契

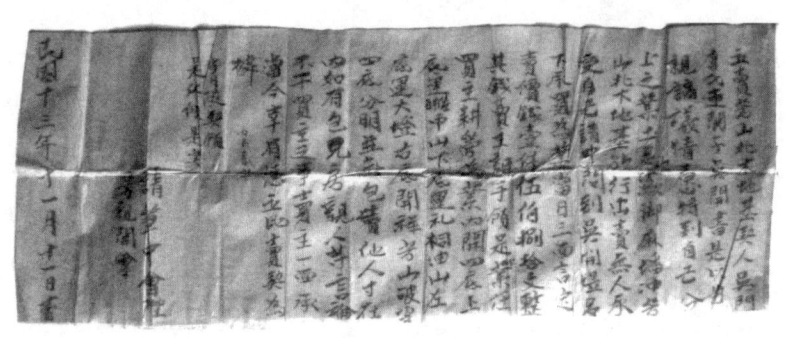

立卖芳（荒）山、北（百）木、地基契人吴门唐氏连哄、子吴开书。是以，母亲商议，情愿将到自己分上之业，土名：次次次[1]脚麻璠冲，芳（荒）山、北（百）木、地基，欲行出卖，无人承受。自己请中问到吴开煜名下承买为业。当日三面言定卖价钱壹仟伍伯（佰）捌拾文整。其钱卖主亲手领足，其业任买主耕管为业。内开四底（抵）：上底（抵）运佐财中山，下底（抵）运礼桐油山，左底（抵）运[2]大墱，右底（抵）开祥芳（荒）山破凌[3]，四底（抵）分明，并无包卖他人寸[土]在内。如有包（胞）兄房亲人等言论，不干买主之事，卖主一面承当。今幸有凭，立此卖契为据。

内添贰字。

当日随契领足，所领是实。

请笔中　会陛

房亲　开会

民国十三年十一月十一日　卖

[1]"次次"，为当地百姓自造字。

[2]此处漏写一字，无从知晓。

[3]"破凌"，应为"坡岭"。

# 民国十四年十月十九日吴开书卖荒墦冲百木地基契

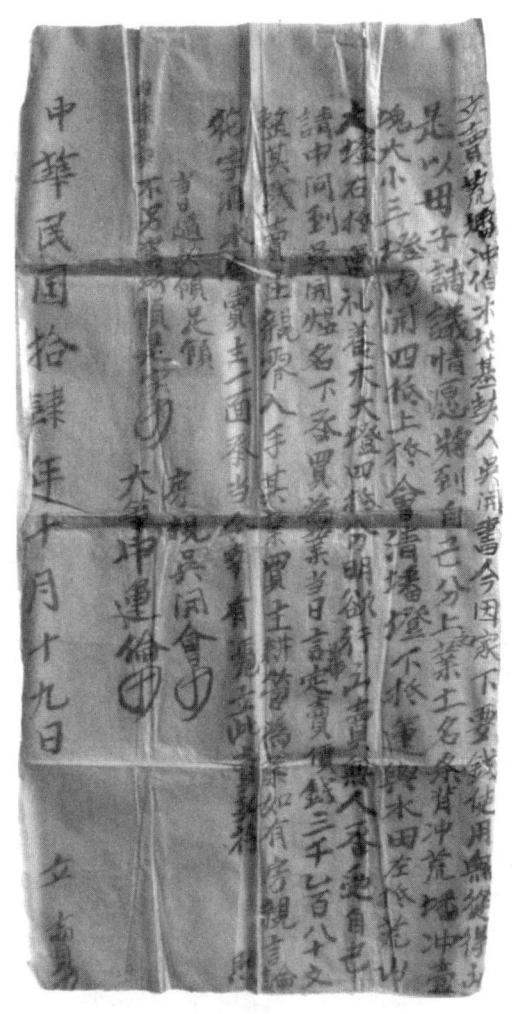

立卖荒墦[1]（墪）冲、伯（百）木、地基契人吴开书，今因家下要钱使用，无从得出。是以，母子商议，情愿将到自己分上之业，土名：条背冲，荒墦（墪）冲壹块，大小三磴。内开四抵：上抵会清墦（墪）磴，下抵运兴水田，左抵荒山大磴，右抵运礼养木大磴，四抵分明，欲行出卖，无人承受。自己请中问到吴开煜名下承买为业。当日凭中言定卖价钱三千一百八十文整。其钱卖主亲零（领）入手，其业买主耕管为业。如有房亲言论，花字酒水，在卖主一面承当。今幸有凭，立此卖契存照。

当日随契领足，领不另书，所领是实。内添三字。

　　　　房亲　吴开会
　　　　大笔中[2]　　运伦

中华民国拾肆年十月十九日　立卖

[1] "墦"，按照地湖文书惯用写法，应为"墪"字。此契下同。
[2] "大笔中"，意为"既是写文书的人，又是凭中"。

# 民国十六年五月初四日
## 吴开上、吴开书卖园场地基契

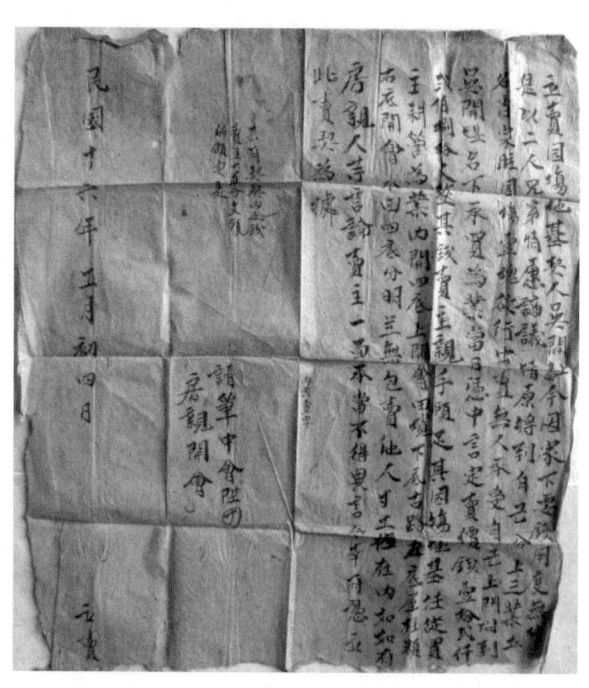

立卖园场、地基契人吴开上书，今因家下要钱用度，无处（出）。是以，二人兄弟情愿[1]商议，情原（愿）将到自己分上之业，土名：肖家睦，园场壹块，欲行出卖，无人承受。自己上门问到吴开煜名下承买为业。当日凭中言定卖价钱壹拾弍仟弍伯（佰）捌拾文整。其钱卖主亲手领足，其园场、地基任从买主耕管为业。内开四底（抵）：上[抵]开会田塍，下底（抵）古路，左底（抵）屋柱头，右底（抵）开会水田，四底（抵）分明，并无包卖他人寸土在内。如[2]如有房亲人等言论，卖主一面承当，不得异言。今幸有凭，立此卖契为据。

内典（点）壹字。

其有契，契内之钱，卖主一并分文领[清]，所领实是。

请笔中　会陞<br>房亲　开会

民国十六年五月初四日　立卖

[1] 此处"情愿"二字应删除。
[2] 此处多一个"如"字。

# 民国十六年六月初七日吴开上、吴开书卖园场地基契

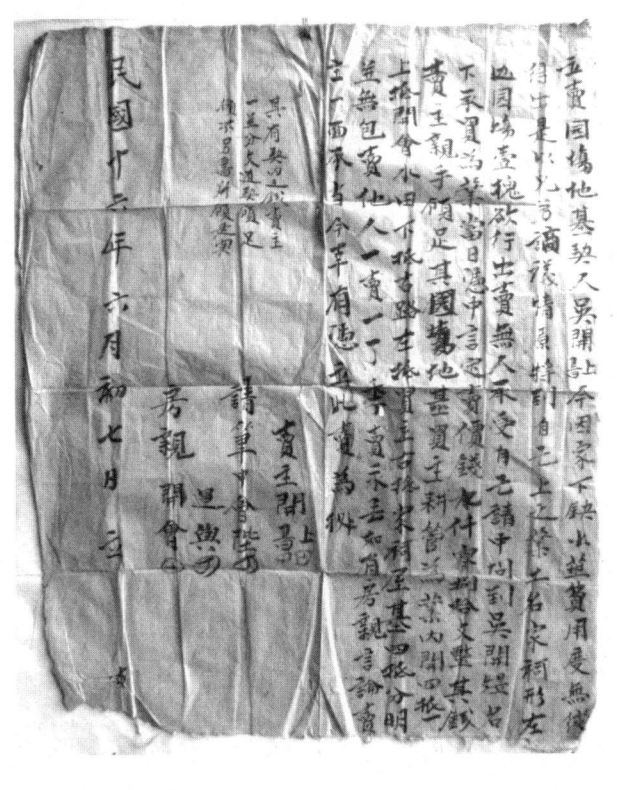

立卖园场地基契人吴开上书，今因家下缺少葬费用度，无从得出。是以，兄弟商议，情原（愿）将到自己［分］上之业，土名：家祠形左边，园场壹块，欲行出卖，无人承受。自己请中问到吴开煜名下承买为业。当日凭中言定卖价钱九仟零捌拾文整。其钱卖主亲手领足，其园场地基买主耕管为业。内开四抵一[1]：上抵开会水田，下抵古路，左抵买主，右抵家祠屋基，四抵分明，并无包卖他人。一卖一了，季（既）卖永丢（休）。如有房亲言论，卖主一面承当。今幸有凭，立此卖［契］为据。

其有契内之钱，卖主一并分文随契领足，领不另书，所领是实。

卖主　开上书

请笔中　会陞

房亲　运兴
　　　开会

民国十六年六月初七日　立卖

［1］此处多一个"一"字。

# 民国十七年二月二十三日吴会清卖桐油树百木地基契

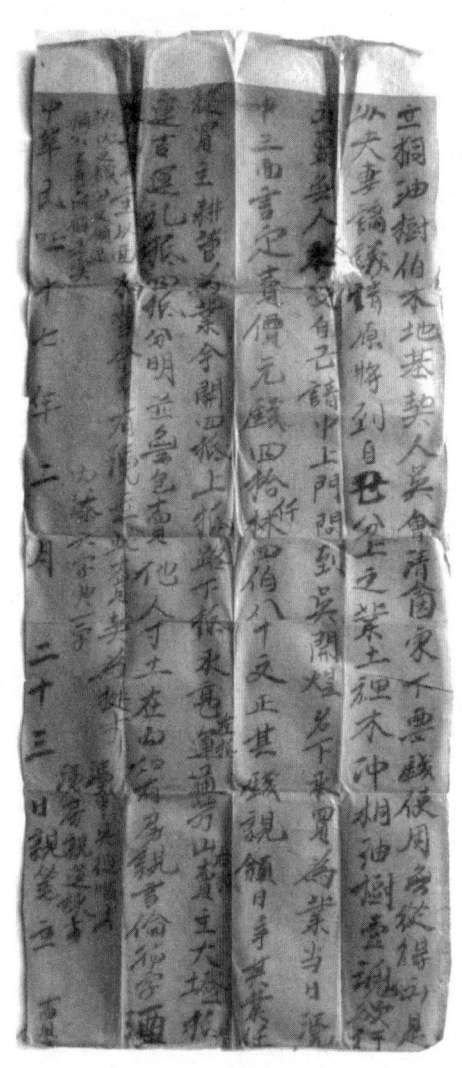

　　立桐油树、伯（百）木、地基契人吴会清，今因家下要钱使用，无从得出。是以，夫妻商议，情原（愿）将到自己分上之业，土［名］：里木冲，桐油树壹块，欲行出卖，无人承受。自己请中上门问到吴开煜名下承买为业。当日凭中三面言定卖价元钱四拾仟林（零）四伯（佰）八十文正。其钱亲领日（入）手，其业任从买主耕管为业。今开四抵：上抵路，下抵水毫（壕），左抵运通芳（荒）山，右抵卖主大磴，抵运吉、运礼抵，四抵分明，并无包卖他人寸土在内。如有房亲言论，花字酒水，卖主以（一）面承当。今幸有凭，立此卖契为据。

　　契内之钱，分文领足，领不另书，所领是实。

　　内添六字，典（点）一字。

　　　　　　凭中　吴德顺
　　　　　凭房亲　吴运谏
民国十七年二月二十三日　亲笔　立卖

# 民国十七年三月十一日吴开上、吴开书卖房屋瓦片等契

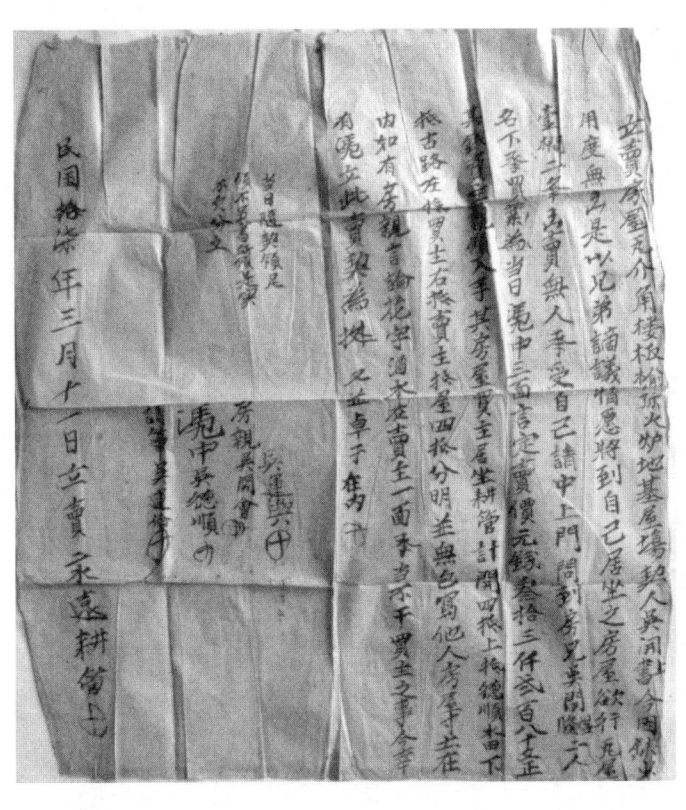

立卖房屋瓦介（片）、角楼板、榆际、火炉、地基、屋场契人吴开上书 今因缺少用度，无出。是以，兄弟商议，情愿将到自己居坐之房屋，欲行瓦屋壹间二夆出卖，无人承受。自己请中上门问到房兄吴开煜隆 二人名下承买为业。当日凭中三面言定卖价元钱叁拾三仟式百八十文正。其钱卖主亲领入手，其房屋买主居坐耕管。计开四抵：上抵顺德水田，下抵古路，左抵买主，右抵卖主抵屋，四抵分明，并无包写他人房屋寸土在内。如有房亲言论，花字酒水，在卖主一面承当，不干买主之事。今幸有凭，立此卖契为据。又并卓（桌）子在内。

当日随契领足，领不另书，所领是实，不欠分文。

房亲　吴运兴
　　　吴开会
凭中　吴德顺
请笔　吴运伦

民国拾柒年三月十一日　立卖　永远耕管

# 民国十八年七月初八日吴阳氏向妹卖水田契

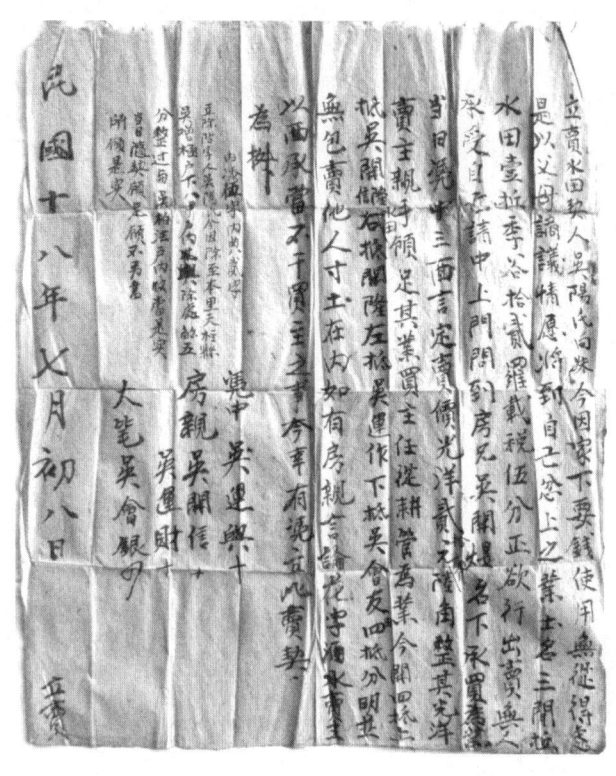

立卖水田契人吴阳氏向妹，今因家下要钱使用，无从得处（出）。是以，父母商议，情愿将到自己忿（分）上之业，土名：三间垰，水田壹坵，季（计）谷拾贰箩（箩），载税伍分正，欲行出卖，无人承受。自己请中上门问到房兄吴开煜名下承买为业。当日凭中三面言定卖价光洋贰拾元零陆角整。其光洋卖主亲手领足，其业买主任从耕管为业。

今开四抵：上抵吴开隆信水田，右抵开隆，左抵吴运作，下抵吴会友田，四抵分明，并无包卖他人寸土在内。如有房亲言论，花字酒水，卖主以（一）面承当，不干买主之事。今幸有凭，立此卖契为据。

内添伍字，内典（点）贰字。

立除帖字人吴阳氏，今因除至（到）本里天柱县吴增极户下八甲户内除处（出）亩五分整，过与吴柏法户内收当，是实。

当日随契领足，领不另书，所领是实。

|  |  |
|---|---|
| 凭中 | 吴运兴 |
| 房亲 | 吴开信<br>吴运财 |
| 大笔 | 吴会银 |

民国十八年七月初八日　立卖

# 民国十八年七月十一日吴运作卖水田契

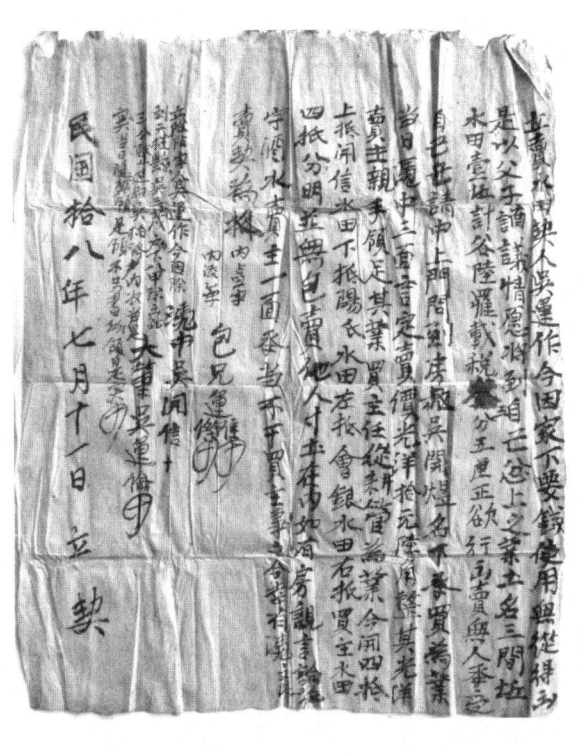

　　立卖水田契人吴运作，今因家下要钱使用，无从得出。是以，父子商议，情愿将到自己忿（分）上之业，土名：三间坵，水田壹坵，计谷陆罗（箩），载税三分五厘正，欲行出卖，无人承受。自己请中上门问到房叔吴开煜名下承买为业。当日凭中三面言定卖价光洋拾元陆角整。其光洋卖主亲手领足，其业买主任从耕管为业。今开四抵：上抵开信水田，下抵阳氏水田，左抵会银水田，右抵买主水田，四抵分明，并无包卖他人寸土在内。如有房亲言论，花字酒水，卖主一面承当，不干买主之事。今幸有凭，立此卖契为据。

　　内点二字，内添一字。

　　立除帖字人吴运作，今因除到天柱县吴三茂户内下八甲，除出亩三分整，过与吴柏发户内收当，是实。

　　当日随契领足，领不另书，所领是实。

包（胞）兄　运佳<br>
　　　　　　　杰<br>
凭中　吴开信<br>
大笔　吴运伦

民国拾八年七月十一日　立契

# 民国十八年八月十七日
## 吴运杰卖养木核桃树柏木地基契

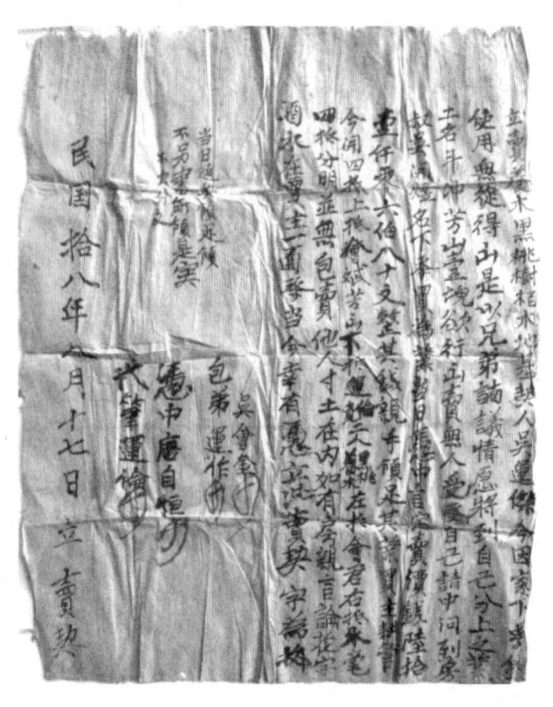

立卖养木、黑（核）桃树、栢（柏）木、地基契人吴运杰，今因家下要钱使用，无从得出。是以，兄弟商议，情愿将到自己分上之业，土名：斗冲，芳（荒）山壹块，欲行出卖，无人承受。自己请中问到房叔吴开煜名下承买为业。当日凭中言定卖价钱陆拾壹仟零六伯（佰）八十文整。其钱亲手领足，其业买主耕管。今开四抵：上抵会斌芳（荒）山，下抵运伦竟二人黑（核）桃养木，左抵会君，右抵水毫（壕），四抵分明，并无包卖他人寸土在内。如有房亲言论，花字酒水，在卖主一面承当。

今幸有凭，立此卖契字为据。

当日随契领足，领不另书，所领是实，不欠分文。

           吴会金

包（胞）弟  运作

凭中  唐自恒

代笔  运伦

民国拾八年八月十七日  立卖契

# 民国十八年十二月初二日
## 吴阳氏想妹卖荒山柏木地基契

立卖芳（荒）山、柏（柏）木、地基契人吴阳氏想妹[1]，今因家下要钱使用，无从得出。是以，母子商议，情愿将到自己分上之业，土名：见头冲松树塆，芳（荒）山壹块，欲行出卖，无人承受。自己请中问到房亲吴开煜名下承买为业。当日凭中言定卖价钱壹拾贰仟九百八十文正。其钱亲手领足，其业任从买主耕管为业。今开四抵：上抵运礼听二人抵大墱，下抵运衿塆边，左抵李帷炳大墱，右抵运伦，四抵分明，并无包卖他人寸土在内。如有，花字酒水，在卖主一面承当。今幸有凭，立此卖契字为据。

契内之老木一根。

内典一字，内添一字。

当日随契领足，领不另书，所领是实。

凭中　吴开信
代笔　运伦

民国拾八年十二月初二日　立

[1] "吴阳氏想妹"，在下文契约中又写成"吴杨氏响妹"，疑为同一人。

# 民国十九年二月三十日吴会林卖荒山地基百木契

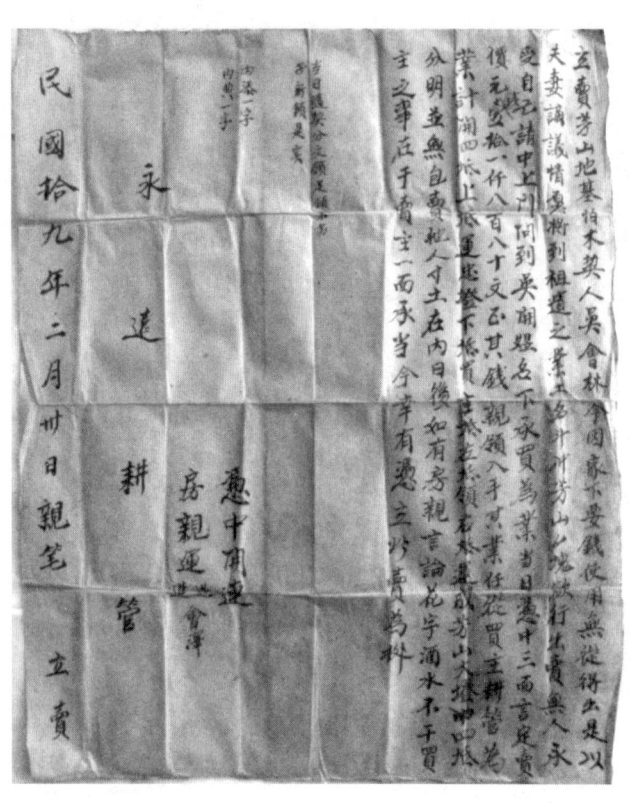

立卖芳（荒）山、地基、怕（百）木契人吴会林，今因家下要钱使用，无从得出。是以，夫妻商议，情愿将到祖遗之业，土名：斗冲，芳（荒）山一块，欲行出卖，无人承受。自己请中上门问到吴开煜名下承买为业。当日凭中三面言定卖价元钱壹拾一仟八百八十文正。其钱亲领入手，其业任从买主耕管为业。计开四坻（抵）：上坻（抵）运忠墱，下坻（抵）买主坻（地），左坻（抵）领（岭），右坻（抵）运成芳（荒）山大墱，四抵（抵）分明，并无包卖他人寸土在内。日后，如有房亲言论，花字酒水，不干买主之事，在于卖主一面承当。今幸有凭，立此卖[契]为据。

当日随契分文领足，领不另书，所领是实。

内添一字，内典（点）一字。

凭中　开连

房亲　运选进　会泽

永远耕管

民国拾九年二月卅日　亲笔　立卖

# 民国十九年六月二十二日吴运杰卖水田契

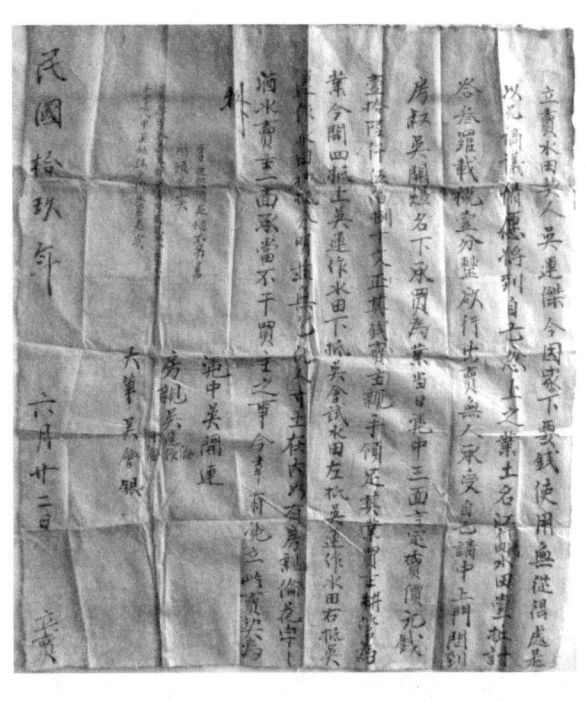

立卖水田契人吴运杰，今因家下要钱使用，无从得处（出）。是以，兄[弟]商议，情愿将到自己忿（分）上之业，土名：江行湾内，水田壹坵，计谷叁罗（箩），载税壹分整，欲行出卖，无人承受。自己请中上门问到房叔吴开煜名下承买为业。当日凭中三面言定卖价元钱壹拾陆仟伍伯（佰）捌十文正。其钱卖主亲手领足，其业买主耕管为业。今开四抵：上[抵]吴运作水田，下抵吴会试水田，左抵吴运作水田，右抵吴运作水田，四抵分明，并无包[卖]他人寸土在内。如有房亲[言]伦（论），花字酒水，卖主一面承当，不干买主之事。今幸有凭，立此卖契为据。

当日随契领足，领不另书，所领是实。

立除帖人吴定邦，户内除载税以（一）分整，本里本甲下八甲吴柏法户内承当，是实。

凭中　吴开连

房亲　运伦<br>　　　运作<br>　　　会金

大笔　吴会银

民国拾玖年六月廿二日　立卖

# 民国十九年十二月初三日吴会陛典水田契

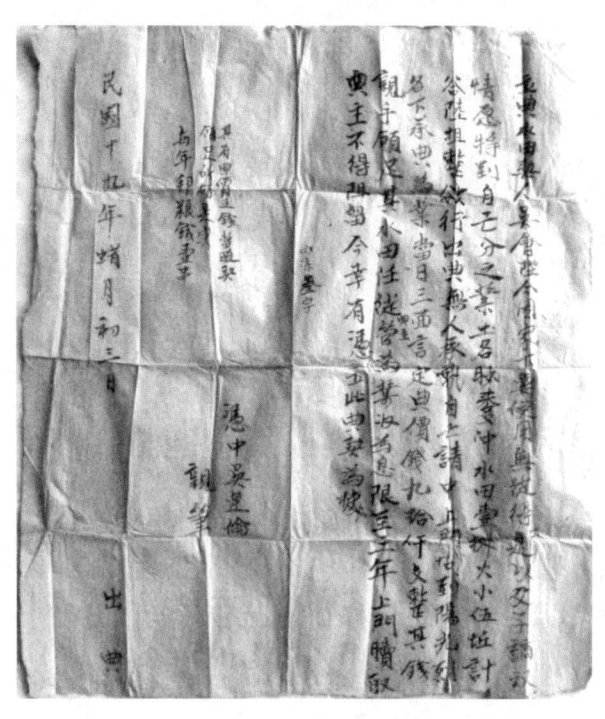

立典水田契人吴会陛,今因家下要[钱]使用,无从得出。是以,父子商议,情愿将到自己分上之业,土名:眇麦冲,水田壹处,大小伍坵,计谷陆担整,欲行出典,无人承执(受)。自己请中上门问到阳光烈名下承典为业。当日三面言定典价钱九拾仟文整。其钱亲手领足,其水田任从典主[耕]管为业,收为息,限至三年上门赎取,典主不得阻留。今幸有凭,立此典契为据。

内添叁字。

其有典价之钱,当随契领足,所领是实。

每年邦(帮)粮钱壹串。

凭中　吴运伦
亲笔

民国十九年蜡(腊)月初三日　出典

# 民国十九年十二月十六日过亩抵单

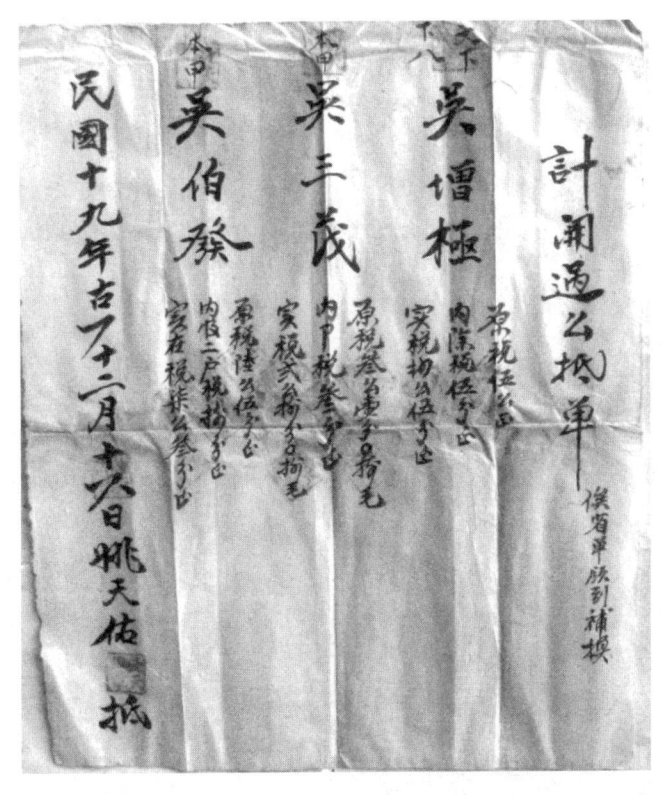

计开过么（亩）抵单　　俟省单领到补换

文下下八　吴增极　原税伍么（亩）正，内除税伍分正，实税肆么（亩）伍分正。

本甲　　　吴三茂　原税叁么（亩）壹分〇捌毛，内除税叁分正，实税式么（亩）捌分〇捌毛。

本甲　　　吴伯发　原税陆么（亩）伍分正，内收二户税捌分正，实在（载）税柒么（亩）叁分正。

民国十九年古历十二月十六日　姚天佑　抵

# 民国二十年五月八日吴会清卖养木契

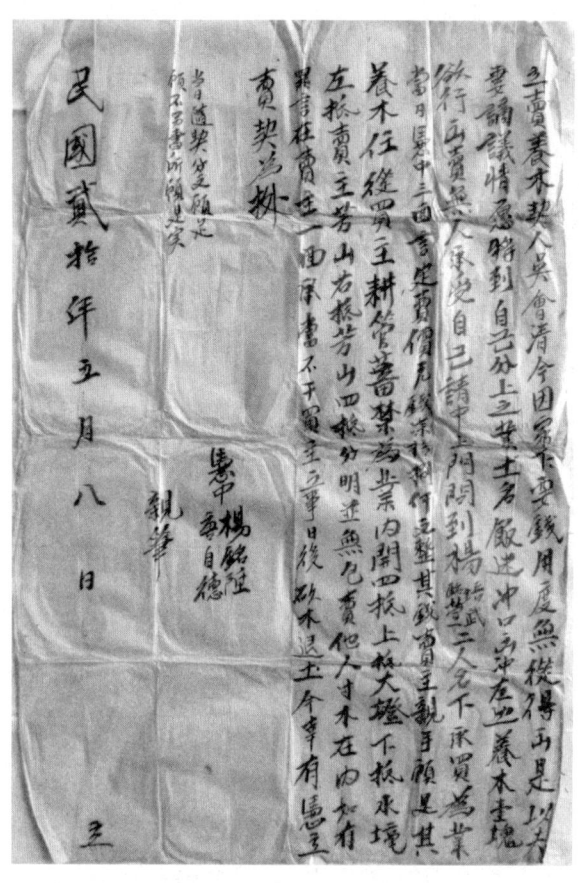

立卖养木契人吴会清，今因家下要钱用度，无从得出。是以，夫妻商议，情愿将到自己分上之业，土名：饭迷冲口出冲，左边养木壹块，欲行出卖，无人承受。自己请中上门问到杨培武、铭萱二人名下承买为业。当日凭中三面言定卖价元钱柒拾捌仟文整。其钱卖主亲手领足，其养木任从买主耕管蓄禁为业。内开四抵：上抵大墭，下抵水壖（壕），左抵卖主芳（荒）山，右抵芳（荒）山，四抵分明，并无包卖他人寸木在内。如有异言，在卖主一面承当，不干买主之事。日后砍木，退土。今幸有凭，立［此］卖契为据。

当日随契分文领足。

领不另书，所领是实。

凭中　杨铭升
　　　唐自德
亲笔

民国贰拾年五月八日　立

# 民国二十一年六月初八日吴会陛卖水田契

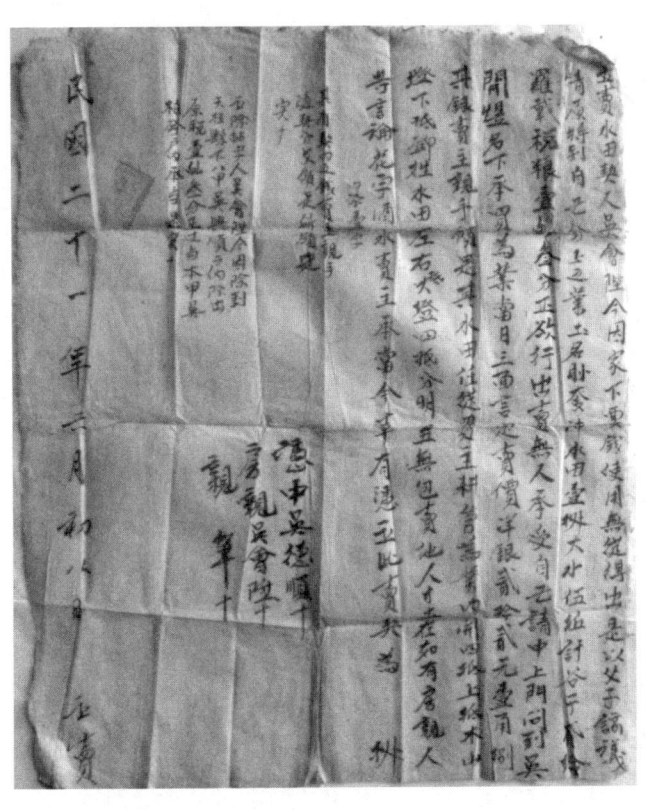

　　立卖水田契人吴会陛，今因家下要钱使用，无从得出。是以，父子商议，情原（愿）将到自己分上之业，土名：鈔麦冲，水田一处，大小伍坵，计谷子贰拾罗（箩），载税粮壹亩叁分正，欲行出卖，无人承受。自己请中上门问到吴开煜名下承买为业。当日三面言定卖价洋银贰拾贰元壹角捌。其银卖主亲手领足，其水田任从买主耕管为业。内开四抵：上抵木山塝，下抵邓姓水田，左右抵大塝，四抵分明，并无包卖他人寸土在〔内〕。如有房亲人等言论，花字酒水，卖主承当。今幸有凭，立此卖契为据。

　　内添壹字。

　　其有契内之钱，卖主亲手随契分文领足，所领是实。

　　立除帖字人吴会陛，今因除到天柱县下八甲吴兴顺户内，除出原税壹亩叁分正，过与本甲吴柏发户内承当，是实。

凭中　吴德顺
房亲　吴会升
亲笔

民国二十一年六月初八日　立卖

# 民国二十一年九月二十八日吴开信卖水田契

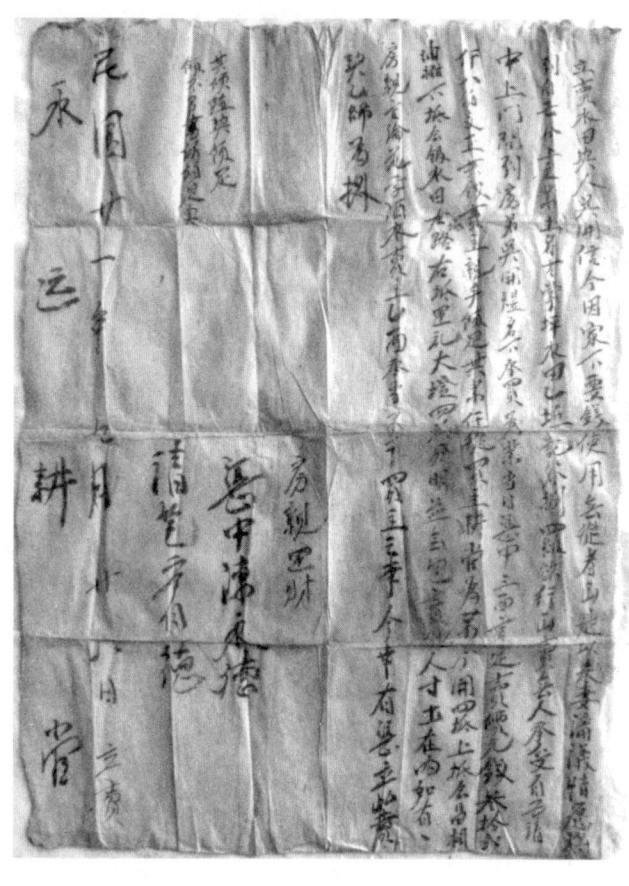

　　立卖水田契人吴开信，今因家下要钱使用，无从者（得）出。是以，夫妻商议，情愿将到自己分上之业，土名：古学坪，水田一坵，记（计）谷捌罗（箩），欲行出卖，无人承受。自己请中上门问到房弟吴开煜名下承买为业。当日凭中三面言定卖价元钱叁拾式仟八伯（佰）文正。其钱卖主亲手领足，其业任从买主耕管为业。今开四坵（抵）：上坵（抵）会昌桐油树，下坵（抵）会银水田，左坵（抵）路，右坵（抵）运礼大墱，四坵（抵）分明，并无包卖他人寸土在内。如有房亲言论，花字酒水，卖主一面承当，不干买主之事。今幸有凭，立此卖契一纸为据。

　　其价随契领足。

　　领不另书，所领是实。

|  |  |
|---|---|
| 房亲 | 运财 |
| 凭中 | 陈永德 |
| 请笔 | □自德 |

民国廿一年九月廿八日　立卖
永远耕管

# 民国二十一年十月十八日吴阳氏响妹卖荒山地基契

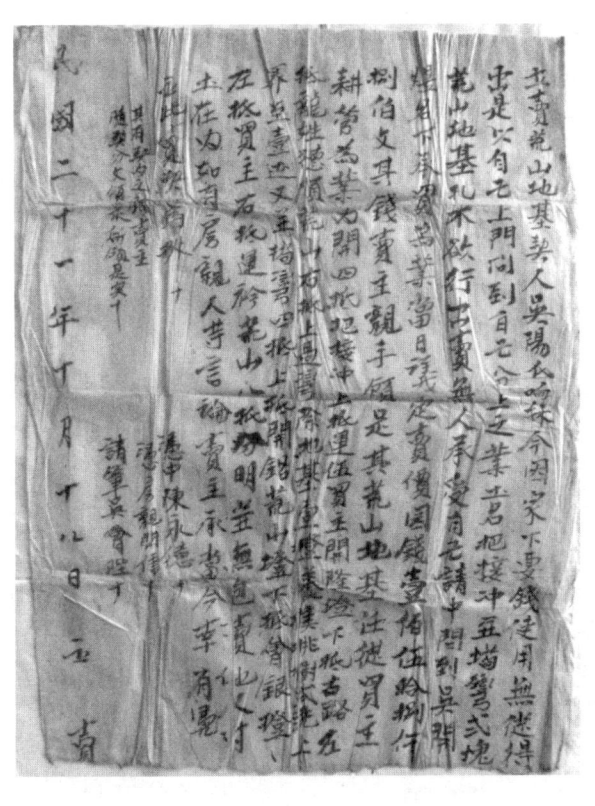

　　立卖荒山地基契人吴阳氏响妹，今因家下要钱使用，无从得出。是以，自己上门问到白（自）己分上之业，土名：把接冲并苟弯（塆），式块荒山地基扎（杂）木，欲行出卖，无人承受。自己请中问到吴开煜名下承买为业。当日议定卖价园（元）钱壹伯（佰）伍拾捌仟捌伯（佰）文。其钱卖主亲手领足，其荒山地基任从买主耕管为业。内开四抵：把接冲，上抵运伍、买主、开隆磴，下抵古路，左抵龙姓、德顺荒山，右抵上过湾，除地基壹磴，养核桃树式口，上界至壹边；又并苟弯四抵：上抵开铭荒山磴，下抵会银磴，左抵买主，右抵运衿荒山，八抵分明，并无包卖他人寸土在内。如有房亲人等言论，卖主承当。今幸有凭，立此卖契为据。

　　其有契内之钱，卖主随契分文领足，所领是实。

凭中　陈永德
凭房亲　开信
亲笔　吴会陛

民国二十一年十月十八日　立卖

# 民国二十一年十二月十九日吴开信等三人卖水田契

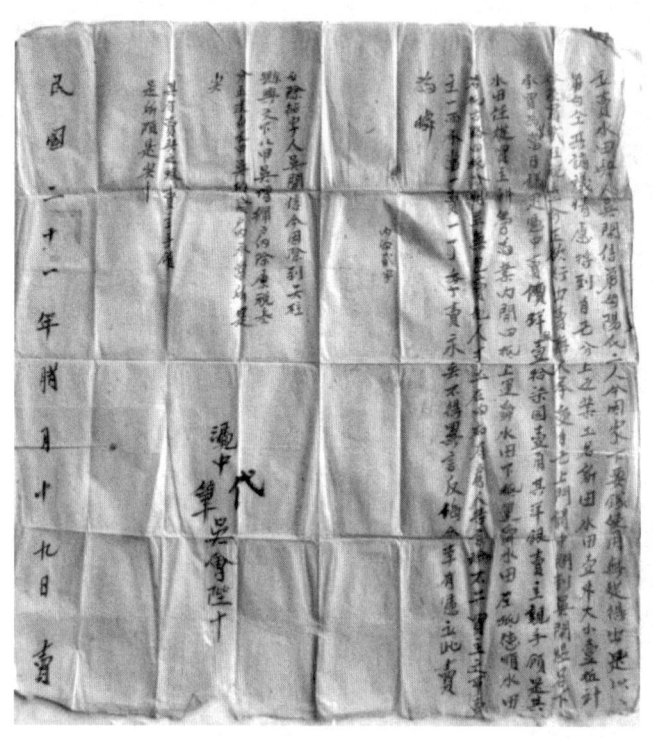

　　立卖水田契人吴开信，弟母阳氏二人，今因家下要钱使用，无从得出。是以，弟母同共（共同）商议，情愿将到自己分上之业，土名：新田水田壹处，大小壹坵，计谷陆罗（箩），载柱税叁分正，欲行出卖，无人承受。自己上门请中问到吴开煜名下承买为业。当日凭中议定卖价洋银壹拾柒园（元）壹角。其洋银卖主亲手领足，其水田任从买主耕管为业。内开四抵：上［抵］运舜水田，下抵运舜水田，左抵德顺水田，右抵古路，四抵分明，并无包卖他人寸土在内。如有房人等言论，不干买主之事，卖主一面承当。一卖一了，季（既）卖永丢（休），不得异言反悔。今幸有凭，立此卖［契］为据。

　　内添贰字。

　　立除帖字人吴开信，今因除到天柱县兴文［里］下八里吴增栏户内，除原税叁分正，过与本甲吴柏发户内承当，所［除］是实。

　　其有卖契之银卖主［亲］手领足，所领是实。

凭中　代笔　吴会陛

民国二十一年腊月十九日　卖

# 民国二十二年十月十八日吴运伦卖水田契

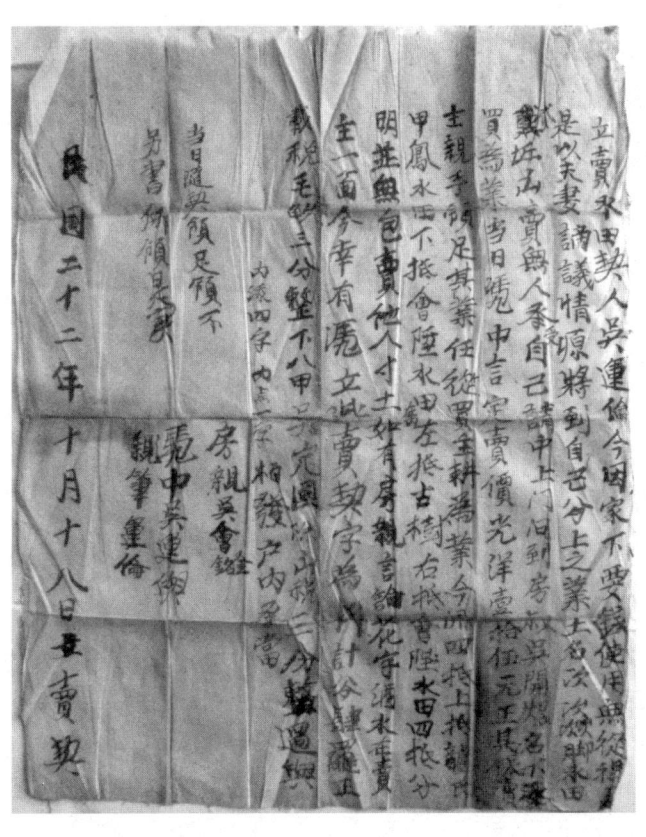

立卖水田契人吴运伦,今因家下要钱使用,无从得出。是以,夫妻商议,情原(愿)将到自己分上之业,土名:次次次次脚,水田贰坵,出卖,无人承受。自己请中上门问到房叔吴开煜名下承买为业。当日凭中言定卖价光洋壹拾伍元正。其钱卖主亲手领足,其业任从买主耕[管]为业。今开四抵:上抵龙氏甲凤水田,下抵会升水田,左抵古树,右抵会陞水田,四抵分明,并无包卖他人寸土在内。如有房亲言论,花字酒水,在卖主一面[承当]。今幸有凭,立此卖契字为据。计谷肆罗(箩)正,载税毛亩三分整。下八甲吴定国,除出税三分整,过与柏发户内承当。

内添四字,内点一字。

当日随契领足,领不另书,所领是实。

房亲　吴会金铭
凭中　吴运兴
亲笔　运伦

民国二十二年十月十八日　立卖契

# 民国二十二年十一月十四日吴会陛典水田契

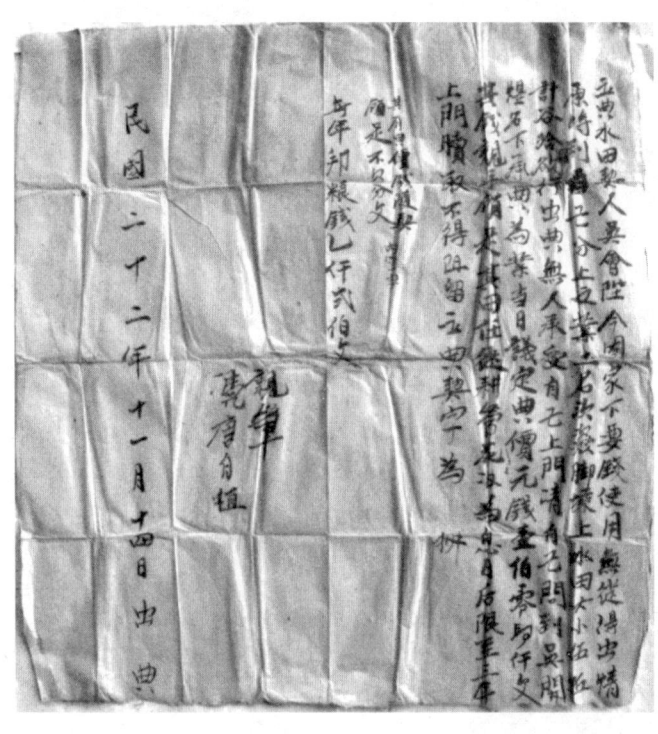

立典水田契人吴会陛，今因家下要钱使用，无从得出。情原（愿）将到自己分上之业，土名：次次次次脚塝上，水田大小伍坵，计谷拾罗（箩），欲行出典，无人承受。自己上门请自己[1]问到吴开煜名下承典为业。当日议定典价元钱壹伯（佰）零肆仟文。其钱亲手领足，其田任从耕管收花为息[2]，日后，限至三年上门赎取，不得阻留。立典契字为据。

其有典价钱随契领足，不欠分文。
内添一字。
每年邦[3]（帮）粮钱一仟弍伯（佰）文。

亲笔
凭　唐自植

民国二十二年十一月十四日　出典

[1]"请自己"，应为"请中"。
[2]"收花为息"，地方等地方言，指带来的收成或利益。
[3]"邦"，应为"帮"。"帮粮"，并不是义务性的帮助粮食，而是附加条款，且必需完成。一般来说是承典方向出典方出粮。

# 民国二十三年七月初六日唐自德卖荒山契

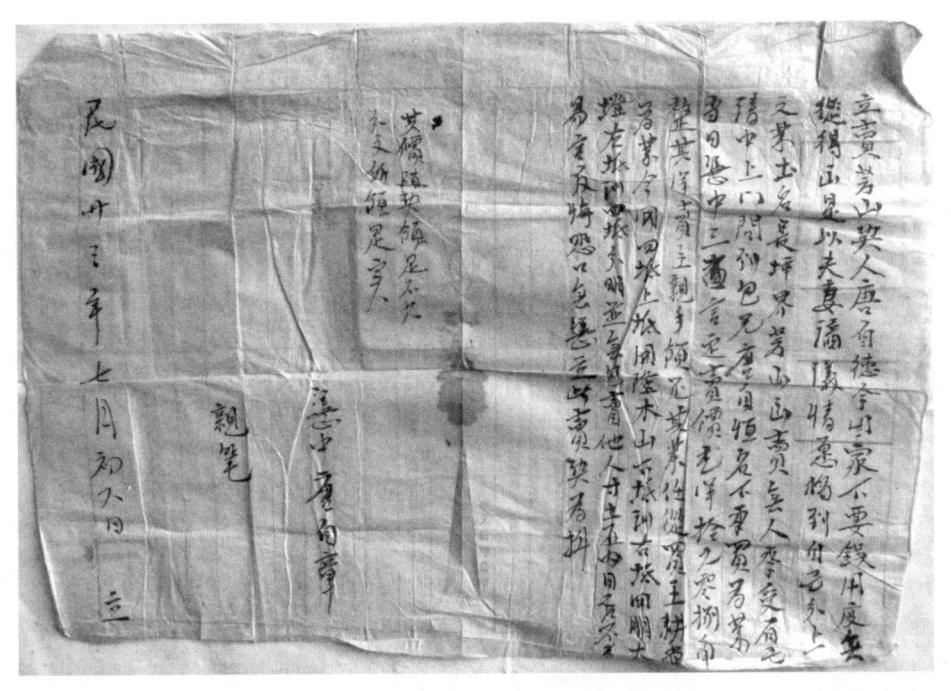

　　立卖芳（荒）山契人唐自德，今因家下要钱用度，无从得出。是以，夫妻商议，情愿将到自己分上之业，土名：长埧界，芳（荒）山出卖，无人承受。自己请中上门问到包（胞）兄唐自恒名下承买为业。当日凭中三面言定卖价光洋拾元零捌角整。其洋卖主亲手领足，其业任从买主耕管为业。今开四坻（抵）：上坻（抵）开隆木山，下坻（抵）圳，右坻（抵）开朋大磴，左坻（抵）圳，四坻（抵）分明，并无包卖他人寸土在内。日后，不者（得）易（异）言反悔。恐口无凭，立此卖契为据。

　　其价随契领足，不欠分文，所领是实。

凭中　唐自章<br>亲笔

民国廿三年七月初六日　立

# 民国二十三年七月二十二日
## 唐自恒卖荒山柏木地基契

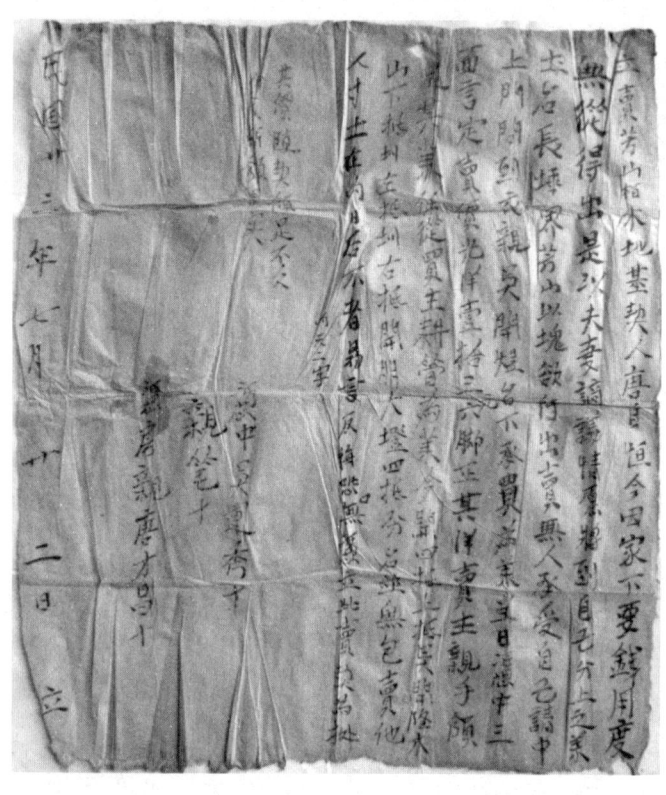

　　立卖芳（荒）山、栢（柏）木、地基契人唐自恒，今因家下要钱用度，无从得出。是以，夫妻商议，情愿将到自己分上之业，土名：长塅界，芳（荒）山以（一）块，欲行出卖，无人承受。自己请中上门问到衣（伊）亲吴开煜名下承买为业。当日凭中三面言定卖价光洋壹拾三元六脚（角）正。其洋卖主亲手领足，其业任从买主耕管为业。今开四抵：上抵吴开隆木山，下抵圳，左抵圳，右抵开朋大墱，四抵分名（明），并无包卖他人寸土在内。日后，不者（得）易（异）言反悔。恐口无凭，立此卖契为据。

　　内天（添）二字

　　其价随契领足，不欠分文，所领是实。

　　　　　　　　　　　　　凭中　吴运秀
　　　　　　　　　　　　　亲笔
　　　　　　　　　　　　　凭房亲　唐才昌

民国廿三年七月廿二日　立

# 民国二十三年十二月初七日吴会陛卖水田契

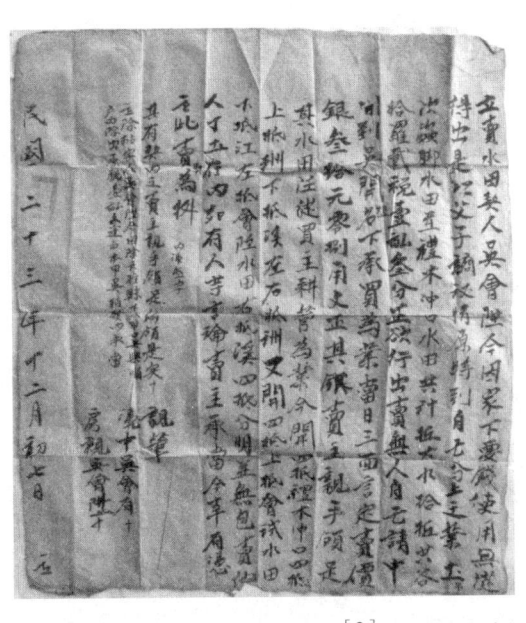

　　立卖水田契人吴会陛，今因家下要钱使用，无从得出。是以，父子商议，情原（愿）将到自己分上之业，土名：次脚水田，并礼木冲口水田，共计坵大小拾坵，共谷拾罗（箩），载税一亩叁分正，欲行出卖，无人［承受］。自己请中问到吴开煜名下承买为业。当日三面言定卖价银叁拾元零捌角文[1]正。其钱卖主亲手领足，其水田任从买主耕管为业。今开四抵：礼木冲口四抵，上抵圳，下抵溪，左右抵圳；又开四抵：上抵会试水田，下抵江[2]，左抵会升水田，右抵溪，四抵分明，并无包卖他人寸土在内。如有人等言论，卖主承当。今幸有凭，立此卖契为据。

　　内添叁字。

　　其有契内之卖主亲手领足，所领是实。

　　立除帖字人吴会陛，今因除天柱县下八甲吴兴顺户内，除出原税壹亩叁［分］，过与本甲吴柏发［户］内承当。

亲笔  
凭中　吴会有  
房亲　吴会升  

民国二十三年十二月初七日　立

［1］此处"文"字应删除。
［2］"江"，指的是流经岩鼓村中的小溪，当地的人称之为"岩鼓溪"。

# 民国二十六年六月十八日
## 吴阳氏响妹卖墦场竹木地基契

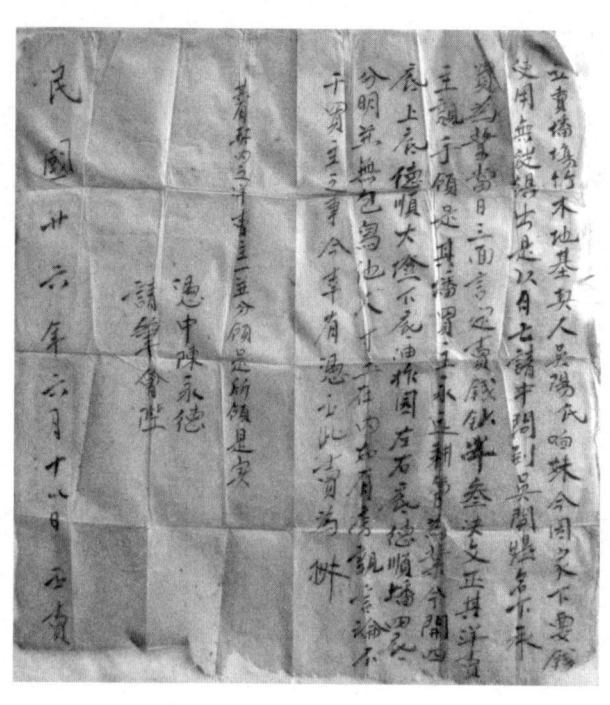

　　立卖墦（墦）场、竹木、地基契人吴阳氏响妹，今因家下要钱使用，无从得出。是以，自己请中问到吴开煜名下承买为业。当日三面言定卖［价］钱钞洋叁决（块）文[1]正。其洋卖主亲手领足，其墦（墦）买主永远耕管为业。今开四底（抵）：上底（抵）德顺大墱，下底（抵）油拃［榨］园，左右底（抵）德顺墦（墦），四底（抵）分明，并无包写他人寸土在内。如有房亲言论，不干买主之事。今幸有凭，立此卖［契］为据。

　　其有契内之洋，卖主一并分［文］领足，所领是实。

　　　　　　　　　　　　　　凭中　陈永德
　　　　　　　　　　　　　　请笔　会陛

民国廿六年六月十八日　立卖

［1］"文"字多余，应删除。

# 民国二十六年十一月二十九日吴运本借约

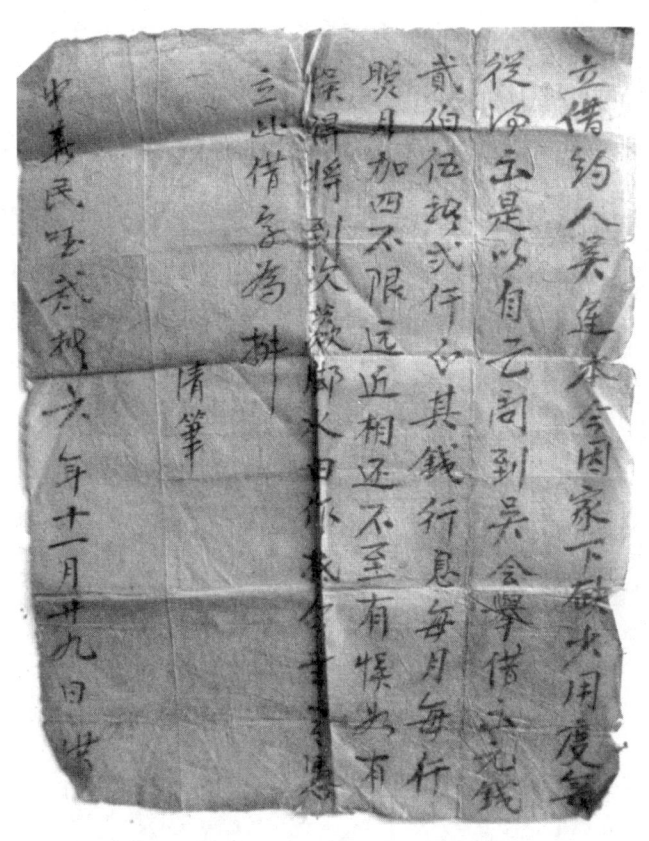

中华民国贰拾六年十一月廿九日　借

立借约人吴运本，今因家下缺少用度，无从得出。是以，自己问到吴会举借出元钱贰伯（佰）伍拾弍仟正。其钱行息每月每仟照月加四，不限远近相还，不至有误。如有误，得将到次次次脚水田作抵。今幸有凭，立此借字为据。

清（亲）笔

# 民国二十九年十二月初七日吴栢顺交单字

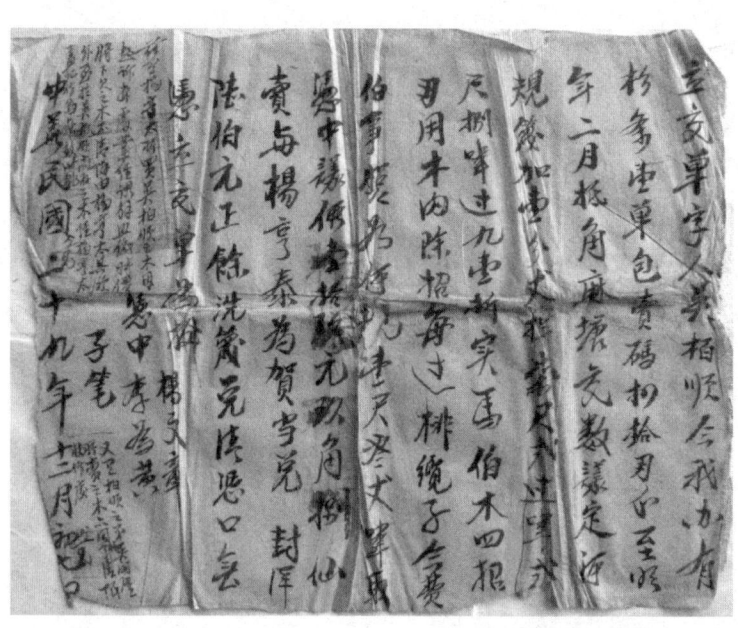

立交单字人吴栢顺，今我办有杉条壹单，包卖码肆拾□正，至明年二月抵角麻塘交数，议定河规，篾加壹分，丈拾柒尺式，过□式尺捌□，过九壹折，实马伯（柏）木四招□用木，内除招每过桃（排）缆子，今费伯事[1]，□为何（河）规壹尺叁丈，□取凭中议价壹拾玖元玖角捌仙，卖与杨亨泰为贺当，兑封洋陆伯（佰）元正，除洗篾兑清。恐口无凭，立交单为据。

兹召杨亨太折买吴柏顺之木，因起诉本处，业经调解，照依时价将下欠之木还清，除由杨亨太具领外，至於吴柏顺尚存之木，经杨亨太盖记作为无效。此批。

又召柏顺之弟吴开座所卖之木，□因□清低（抵）收作废。

凭中　杨文章  
子笔　李为黄

中华民国二十九年十二月初七日

[1] "今费伯事"，应为"经费百事"。

# 民国三十年四月二十七日吴栢顺限粮字

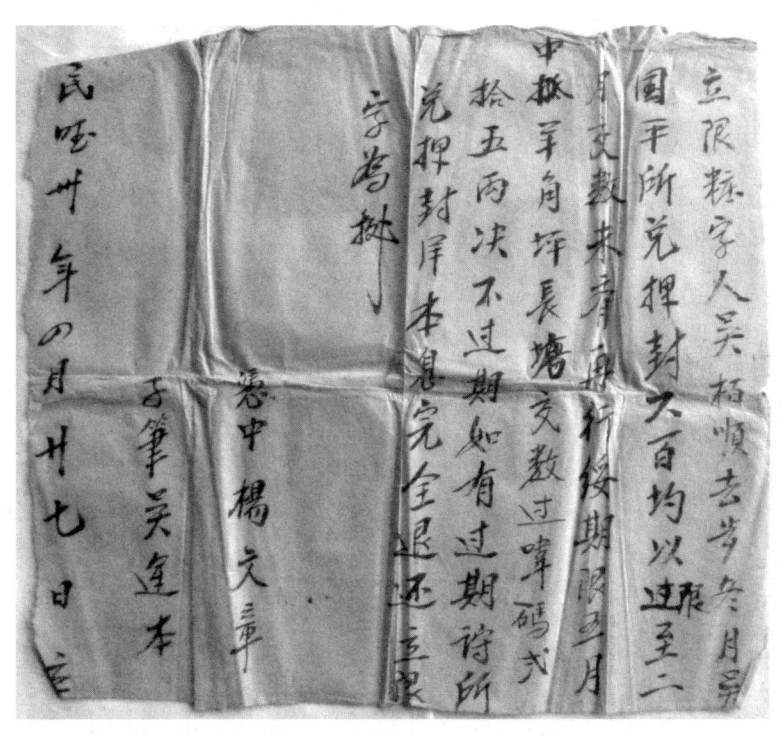

　　立限粮字人吴栢顺，去岁冬月，吴国平所兑押封六百，均以限至二月交数，未齐，再行绥期限五月中抵羊角坪长塘交数过□码式拾五两，决不过期。如有过期，守所兑押封洋本息，完全退还，立限字为据。

　　　　　　　　　　　　　　　　　　　　　　凭中　杨文章
　　　　　　　　　　　　　　　　　　　　　　子笔　吴运本

民国卅年四月廿七日　立

# 民国三十年闰六月初二日吴会广卖水田契

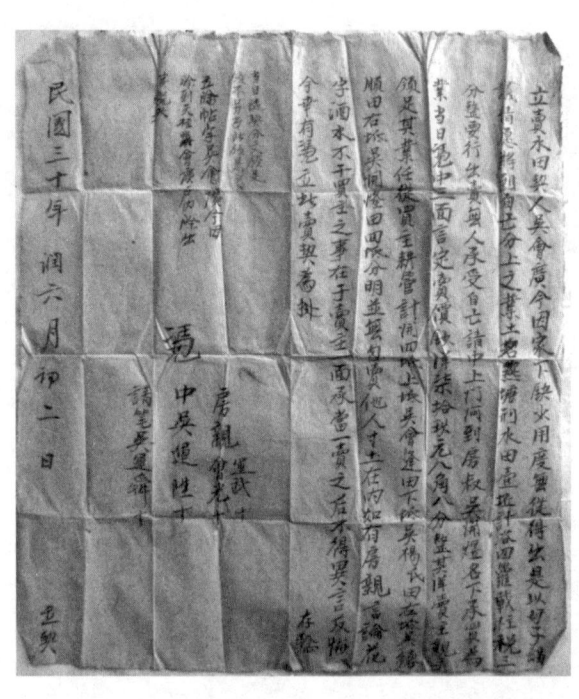

　　立卖水田契人吴会广，今因家下缺少用度，无从得出。是以，母子商议，情愿将到自己分上之业，土名：燕塘刑，水田壹坵，计谷四箩，载柱[1]税三分整，要行出卖，无人承受。自己请中上门问到房叔吴开煜名下承买为业。当日凭中三面言定卖价钞洋柒拾玖元八角八分整。其洋卖主亲手领足，其业任从买主耕管。计开四坵（抵）：上坵（抵）吴会逢田，下坵（抵）吴杨氏田，左坵（抵）吴德顺田，右坵（抵）吴开隆田，四坵（抵）分明，并无包卖他人寸土在内。如有房亲言论，花字酒水，不干买主之事，在于卖主一面承当。一卖之后，不得异言反悔。今幸有凭，立此卖契为据存验。

　　当日随契分文领足，领不另书，所领是实。

　　立除帖字吴会广，今因除到天柱县会广户内，除出实税□。

```
                    运武
            房亲    会光
        凭
            中      吴运升
        请笔        吴运舜
```

民国三十年润（闰）六月初二日　立契

[1]"柱"，为"贵州省天柱县"的缩写。下文同。

# 民国三十年九月初六日吴会升卖水田契

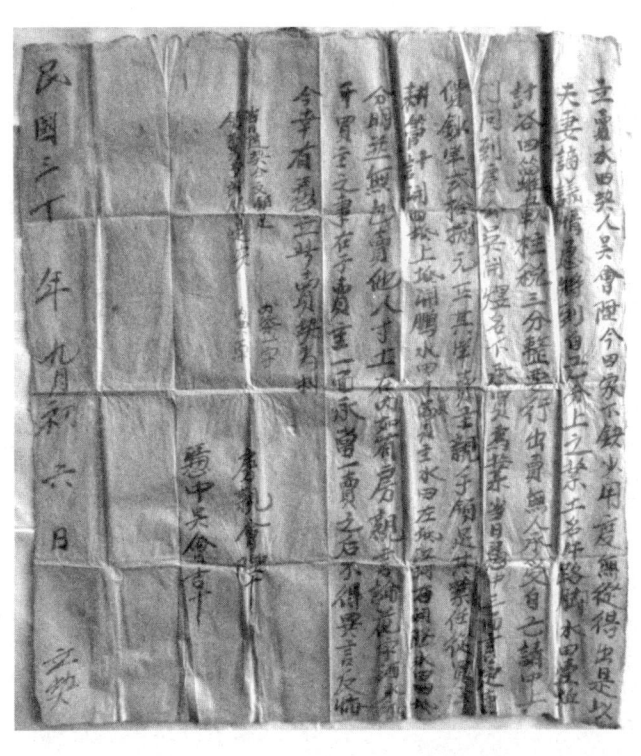

立卖水田契人吴会升,今因家下缺少用度,无从得出。是以,夫妻商议,情愿将到自己分上之业,土名:午脚路,水田壹坵,计谷四箩,载柱税三分整,要行出卖,无人承受。自己请中上门问到房公吴开煜名下承买为业。当日凭中三面言定卖价钞洋弍拾捌元正。其洋卖主亲手领足,其业任从买主耕管。计开四坵(抵):上坵(抵)开鹏水田,下[抵]买卖主水田,左坵(抵)江河,右[抵]开隆水田,四坵(抵)分明,并无包卖他人寸土在内。如有房亲言论,花字酒水,不干买主之事,在于卖主一面承当。一卖之后,不得异言反悔。今幸有凭,立此卖契为据。

当日随契分文领足,领不另书,所领是实。

内添一字,内典(点)一字。

房亲　会陞
凭中　吴会吉

民国三十年九月初六日　立契

# 民国三十年十二月二十六日
## 阳氏响妹婆媳卖竹山地基契

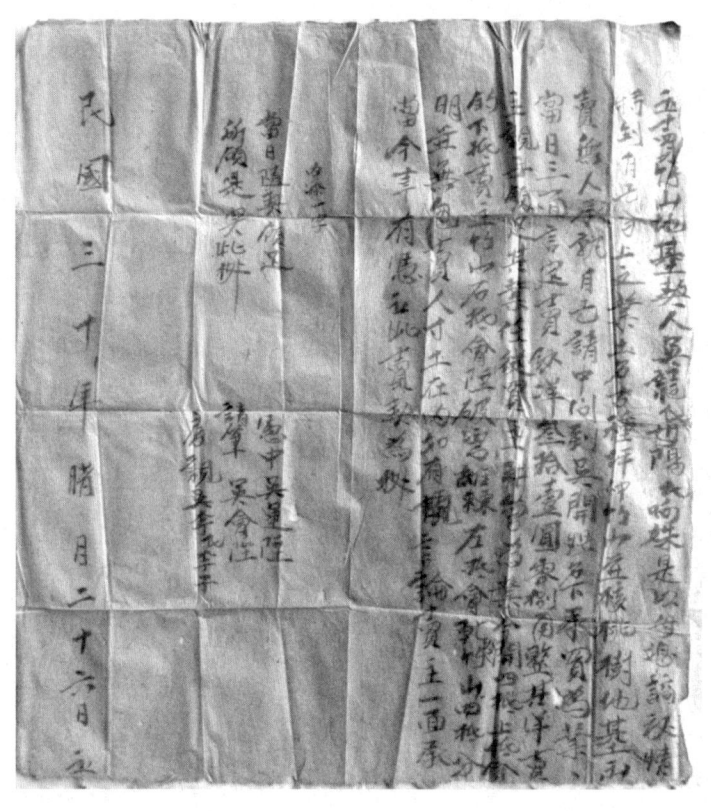

　　立卖竹山、地基契人吴龙氏母阳氏响妹。是以,母媳商议,情[愿]特(将)到自己分上之业,土名:古种坪冲,竹山并核桃树地基,出卖,无人承孰(受)。自己请中问到吴开煜名下承买为业。当日三面言定卖钞洋叁拾壹圆零捌角整。其洋卖主亲手领足,其业任从买主耕管为业。今开四抵:上抵会钧,下抵卖主竹山,石(右)抵会升破弯维栋,左抵会乾□竹山,四抵分明,并无包卖人寸土在内。如有言论,卖主一面承当。今幸有凭,立此卖契为据。

　　内添一字。

　　当日随契领足,所领是实,此据。

凭中　吴运升
请笔　吴会陞
房亲　吴李氏李子

民国三十年腊月二十六日　立

# 民国三十一年五月十二日吴会升卖竹山柏木地基契

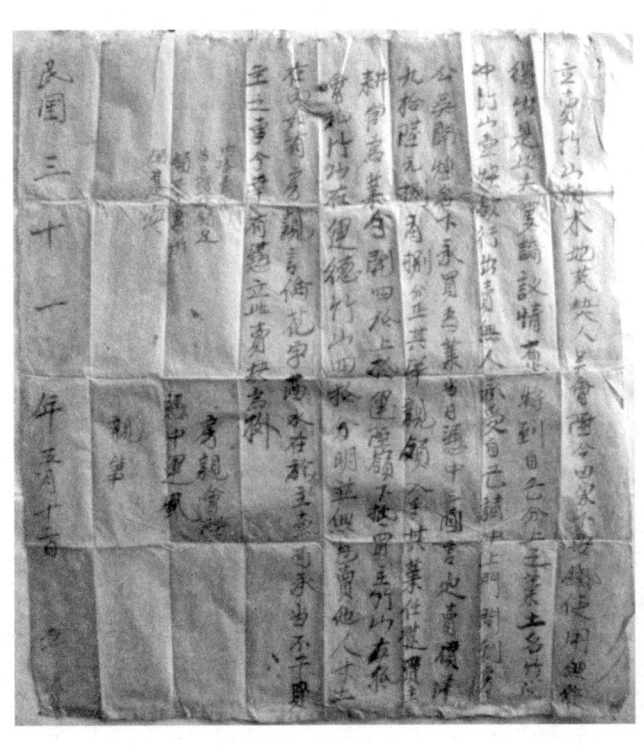

　　立卖竹山、柏木地基契人吴会升，今因家下要钱使用，无从得出。是以，夫妻商议，情愿将到自己分上之业，土名：竹问冲，竹山壹块，欲行出卖，无人承受。自己请中上门问到房公吴开煌名下承买为业。当日凭中三面言定卖价洋九拾陆元捌角捌分正。其洋亲领入手，其业任从买主耕管为业。今开四抵：上抵运升岭，下抵买主竹山，左抵会礼竹山，右[抵]运德竹山，四抵分明，并无包卖他人寸土在内。如有房亲言伦（论），花字酒水，在於卖主壹面承当，不干买主之事。今幸有凭，立此卖契为据。

　　内添壹字。

　　当日随契领足，领不另书，所领是实。

房亲　会陞

凭中　运风

亲笔

民国三十一年五月十二日　立卖

# 民国三十一年六月二十九日吴运升卖干田契

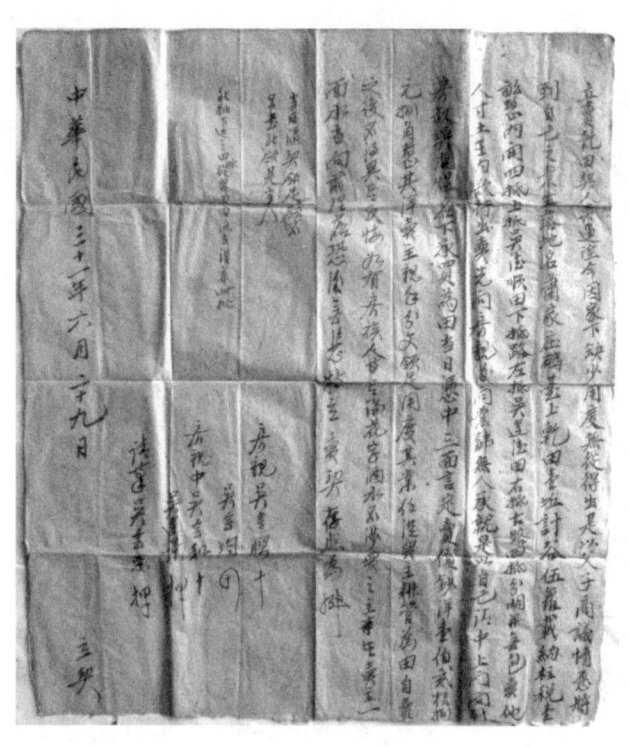

立卖干田契人吴运升，今因家下缺少用度，无从得出。是以，父子商议，情愿将到自己[分上]之业，坐落地名：萧家庄码基上，干田壹坵，计谷伍箩，载纳柱税壹亩整。内开四抵：上抵吴德顺田，下抵路，左抵吴运德田，右抵古路，四抵分明，并无包卖他人寸土在内，欲行出卖，先问房亲，后问业邻，无人承就（受）。是以，自己请中上门问到房叔吴开煜名下承买为田。当日凭中三面言定卖价钞洋壹伯（佰）贰拾捌元捌角整。其洋卖主亲手分文领足用度，其业任从买主耕管为田。自卖之后，不得异言反悔。如有房族人等言论，花字酒水，不涉买主之事，在卖主一面承当，向前理落。恐后无凭，特立卖契存照为据。

当日随契领足，领不另书，所领是实。

外批：下边之田，水从买[主]田内流去灌养，此批。

　　　　　　　房亲　吴运聘
　　　　　　　　　　吴会均
　　　　　　　　　　吴会和
　　　　　　　房亲中　吴运景　押
　　　　　　　请笔　吴会荣　押

中华民国三十一年六月二十九日　立契

# 肉　单（时间不详）

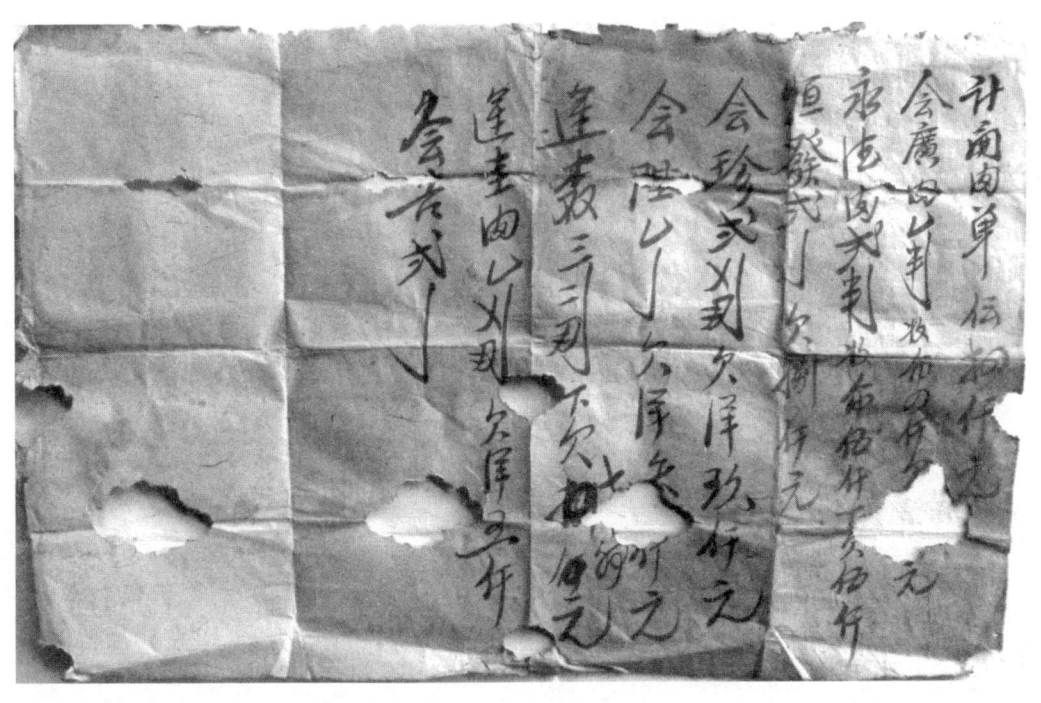

计开肉单伝肆仟元

会广肉一□收币四仟欠□元

永德肉式□收币伍仟下欠伍仟

恒发式□欠捌仟元

会珍式□欠洋玖仟元

会陞一□欠洋叁仟元

运□三□下欠七□元

运圭肉一□欠洋五仟

会□式□

永光村吴宗军家藏文书

# 道光九年十一月十八日吴集材、吴修皆卖屋场契

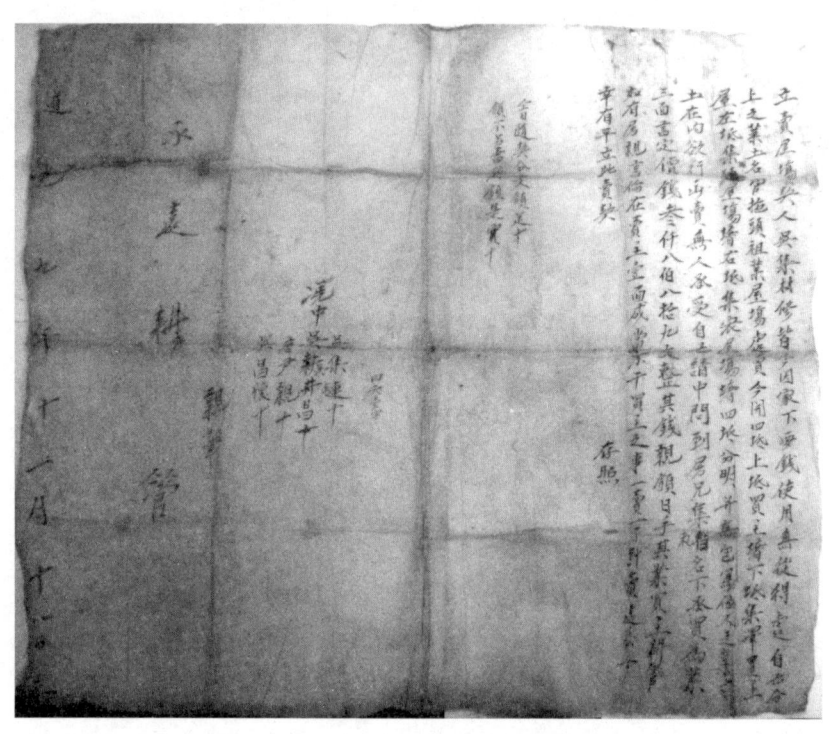

立卖屋场契人吴集材、修皆，今因家下要钱使用，无从得处（出）。［将］自己分上之业，土名：官拖头，祖业屋场处（出）卖。今开四坻（抵）：上坻（抵）买主堵，下坻（抵）集泽买主屋，左坻（抵）集德屋场堵，右坻（抵）集农屋场堵，四坻（抵）分明，并无包写他人之业寸土在内，欲行出卖，无人承受。自己请中问到房兄集礼（智）名下承买为业。三面言定价钱叁仟八伯（佰）八拾九文整。其钱亲领日（入）手，其业买主耕管。如有房亲言伦（论），在卖主壹面成（承）当，不干买主之事。一卖一了，计卖远丢[1]。今幸有平（凭），立此卖契存照。

同日随契分文领足，领不另书，所领是实。

内天（添）壹字。

|凭中|吴集琏 吴景昌 唐尹亲 吴昌怀|
|---|---|
| |亲笔|

永远耕管

道光九年十一月十八日　立

［1］"计卖远丢"，按地湖习惯写法，应为"既卖永休"。

## 光绪二十八年六月初八日吴顺彬当堵契

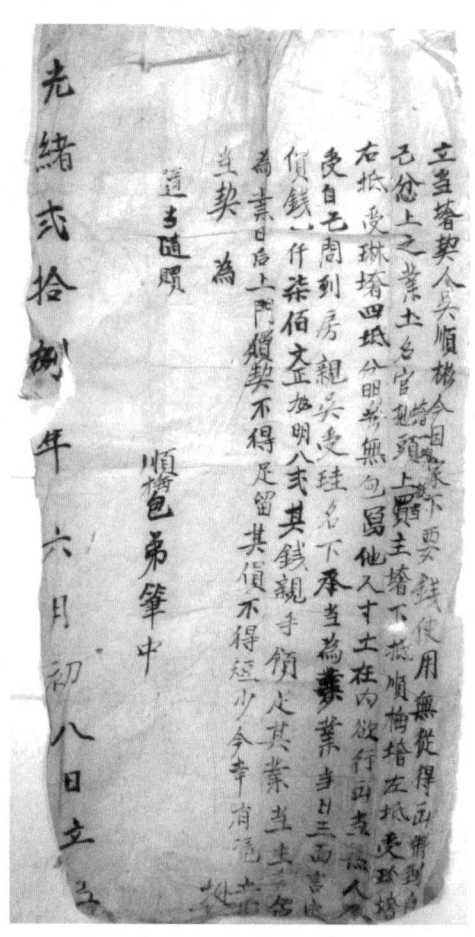

　　立当堵契人吴顺彬，今因家下要钱使用，无从得出。将到自己忿（分）上之业，土名：官□头，堵一块，上抵当主堵，下抵顺梅堵，左坻（抵）受珍堵，右抵受琳堵，四坻（抵）分明，并无包写他人寸土在内，欲行出当，无人承受。自己问到房亲吴受珪名下承当为业。当日三面言定价钱一仟柒佰文正□明八弍。其钱亲手领足，其业当主耕管为业。日后，上门赎契，不得足（阻）留，其价不得短少。今幸有凭，立此当契为据。

　　随当随赎。

　　　　　　　顺梅包（胞）弟　笔中
　　光绪弍拾捌年六月初八日　立

# 光绪二十九年十一月十九日吴顺彬卖屋场堵契

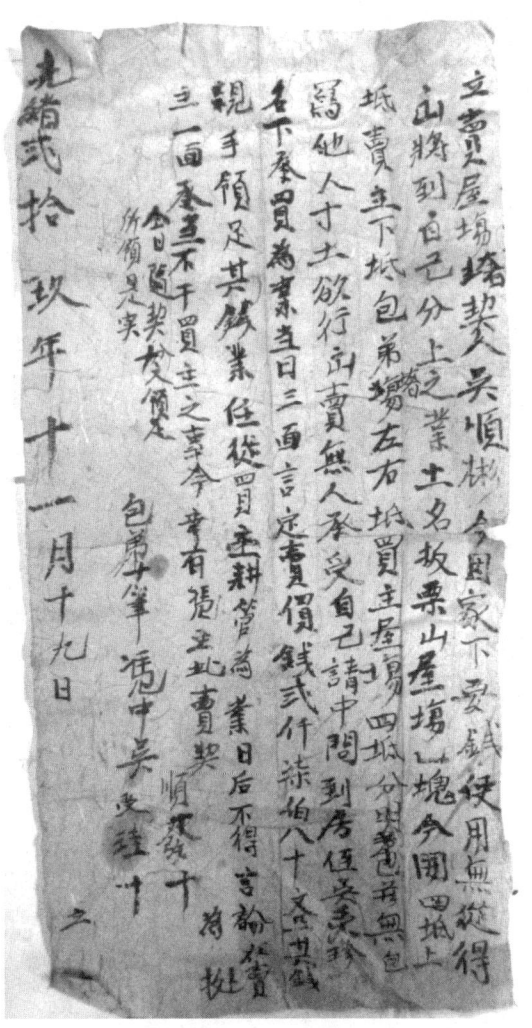

　　立卖屋场堵契人吴顺彬,今因家下要钱使用,无从得出。将到自己分上之业,土名:板栗山,屋场一块。今开四坻(抵):上坻(抵)卖主,下坻(抵)包(胞)弟堵场,左右坻(抵)买主屋场,四坻(抵)分明,并无包写他人寸土,欲行出卖,无人承受。自己请中问到房侄吴受珍名下承买为业。当日三面言定卖价钱弍仟柒伯(佰)八十文正。其钱亲手领足,其业任从买主耕管为业。日后,不得言论,在卖主一面承当,不干买主之事。今幸有凭,立此卖契为据。

　　同日随契分文领足,所领是实。

　　　　　　包(胞)弟　笔

　　　凭中　吴 顺发
　　　　　　　受珪

光绪弍拾玖年十一月十九日　立

永光村吴宗军家藏文书

## 光绪三十三年十一月十二日吴顺彬当屋场堵契

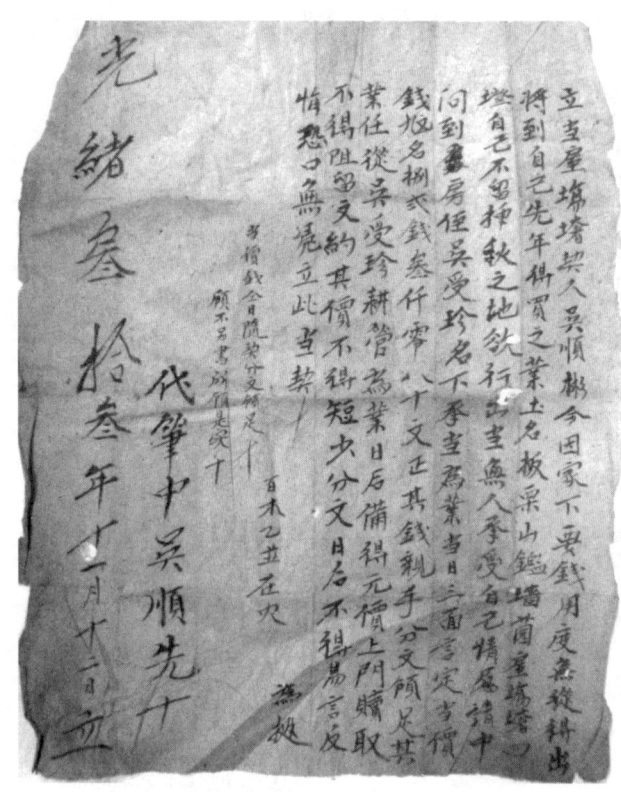

立当屋场堵契人吴顺彬，今因家下要钱用度，无从得出。将到自己先年得买之业，土名：板栗山□墙园屋场堵四磴，自己不留插秋之地[1]，欲行出当，无人承受。自己情愿请中问到房侄吴受珍名下承当为业。当日三面言定当价钱□名捌式[2]钱叁仟零八十文正。其钱亲手分文领足，其业任从吴受珍耕管为业。日后备得元（原）价上门赎取，不得阻留文约，其价不得短少分文。日后，不得易（异）言反悔。恐口无凭，立此当契为据。

百木一并在内。

当价钱同日随契分文领足，领不另书，所领是实。

　　　　　　　　　　代笔中　吴顺先

光绪叁拾叁年十一月十二日　立

[1]"插秋之地"，地湖等地方言，为"任何土地或丝毫土地"之意。
[2]"捌式"，指钱的成色。

# 民国三年十一月十八日吴受文卖水田契

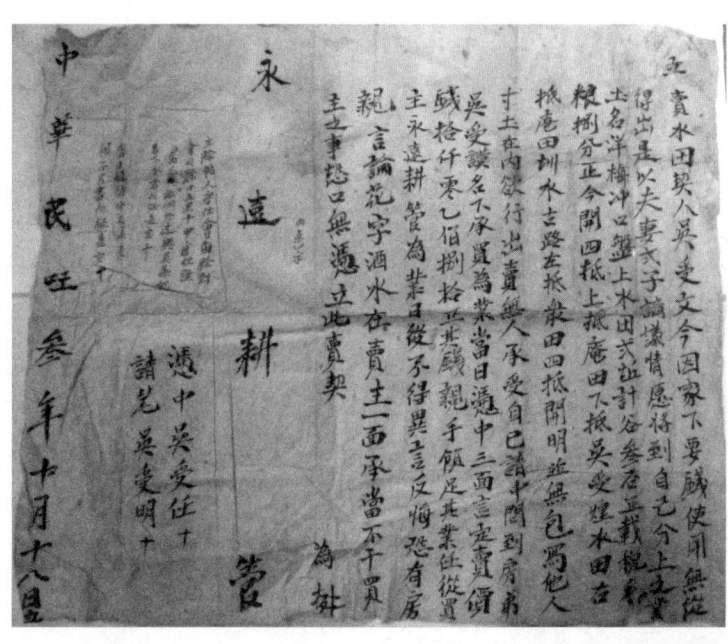

立卖水田契人吴受文，今因家下要钱使用，无从得出。是以，夫妻、式（儿）子商议，情愿将到自己分上之业，土名：洋梅冲口盘上水田式坵，计谷叁石正，载税毛粮捌分正。今开四抵：上抵庵田，下抵吴受煌水田，右抵庵田、圳水、古路，左抵众田，四抵开明，并无包写他人寸土在内，欲行出卖，无人承受。自己请中问到房弟吴受谟名下承买为业。当日凭中三面言定卖价钱拾仟零一佰捌拾[文]正。其钱亲手领足，其业任从买主永远耕管为业。日后，不得异言反悔。恐有房亲言论，花字酒水，在卖主一面承当，不干买主之事。恐口无凭，立此卖契为据。

内点一字。

永远耕管

立除帖人唐仕会，今因除到会同县口五里十甲唐仕升户内毛亩捌分，过与吴集恕名下承当，所除是实。

当日随契分文领足，领不另书，所领是实。

凭中　吴受任
请笔　吴受明

中华民国叁年十一月十八日　立

# 民国五年二月初六日吴受环卖屋场并堵契

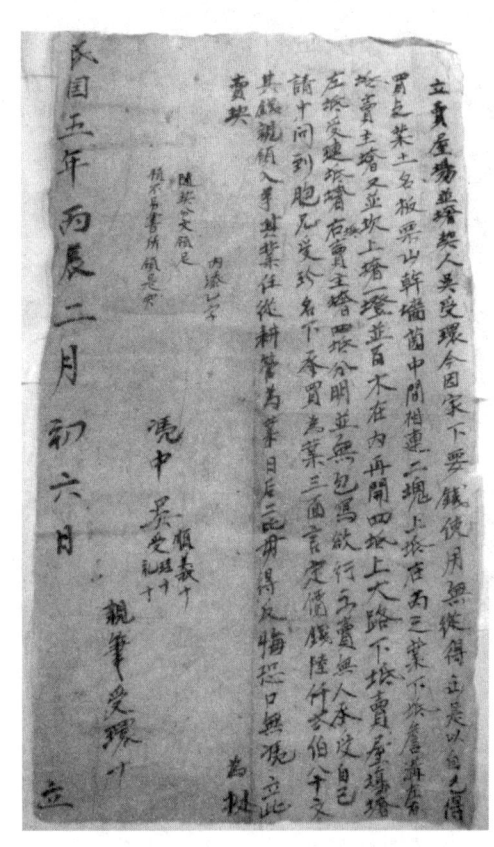

　　立卖屋场并堵契人吴受环，今因家下要钱使用，无从得出。是以，自己得买之业，土名：板栗山，干墙园中间相连二块，上坻（抵）在丙之业，下坻（抵）詹（檐）沟，[1] 左右坻（抵）卖主堵；又并坎上堵一磴并百木在内，再开四坻（抵）：上[抵]大路，下坻（抵）卖屋场堵，左坻（抵）受琏坻（抵）堵，右坻（抵）卖主堵，四坻（抵）分明，并无包写，欲行出卖，无人承受。自己请中问到胞兄受珍名下承买为业，三面言定价钱陆仟弍伯（佰）八十文。其钱亲领入手，其业任从[买主]耕管为业。日后，二比毋得反悔。恐口无凭，立此卖契为据。

　　内添一字。

　　随契分文领足，领不另书，所领是实。

　　　　　　　　　　　顺义
　　凭中　吴　受珪
　　　　　　　　　　　礼
　　亲笔　受环

民国五年丙辰二月初六日　立

[1]"詹沟"，应为"檐沟"，指的是用于排出屋檐水的沟。

# 民国五年二月初六日吴顺宥吴唐氏分关字

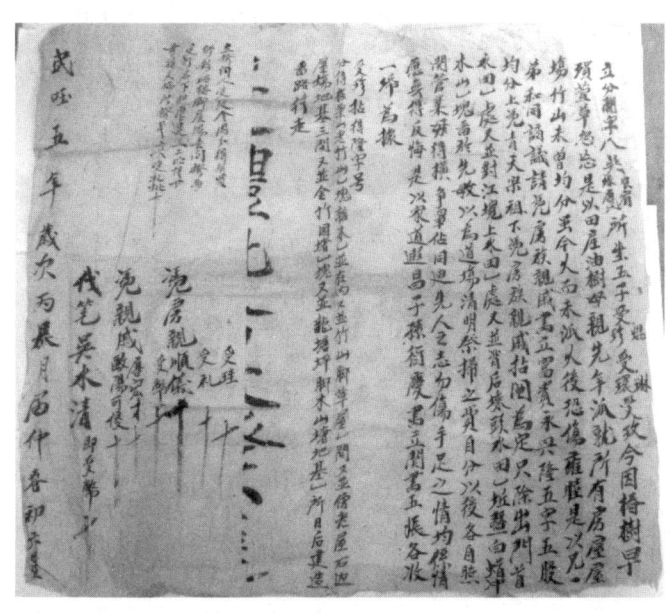

立分关字人吴顺宥缘唐氏所生五子受琨珍、受琳环、受玖。今因椿树早殒，萱草□□，是以，田产、油树，母亲先年泒（派），就所有房屋、屋场、竹山，未曾均分。虽今久而未泒（派），久后恐伤雍睦，是以兄弟和同[1]商议，请凭房族亲戚书立富、贵、永、兴、隆五字五股均分，上凭青天宗祖，下凭房族亲戚，拈阄为定，只除出门首水田一处，又并对江墹上水田一处，又并背后塝头水田一坵，暨白蜡冲木山一块，晋於先母以为道场清明祭扫之费。自分以后，各自照关管业，毋得横争罩（霸）占，同迪先人之志，勿伤手足之情，均系情愿，无（毋）得反悔。是以家道遐昌，子孙衍庆，书立五张，各收一纸为据。

受珍拈得隆字号。

分得板栗山老竹山一块，杂木一并在内；又并竹山脚草屋一间；又并傍老屋右边屋场地基三间；又并金竹园堵一块；又并龙塘坪脚木山堵地基一所。日后建造□路行走。

立拨约人受玫。今因分得得买修彩晒楼脚屋场壹间，拨与受珍名下耕管建立，二比情甘，毋得反悔，所拨是实。受礼批。

凭房亲 受珪
受礼
顺仪
受币

凭亲戚 唐宏才
欧阳可俊

代笔　吴永清　即受币

民国五年岁次丙辰月届仲春初六日　立

［1］"和同"，地湖等地方言，"合伙、一起"之意。

# 民国七年六月初二日吴会明卖阴地契

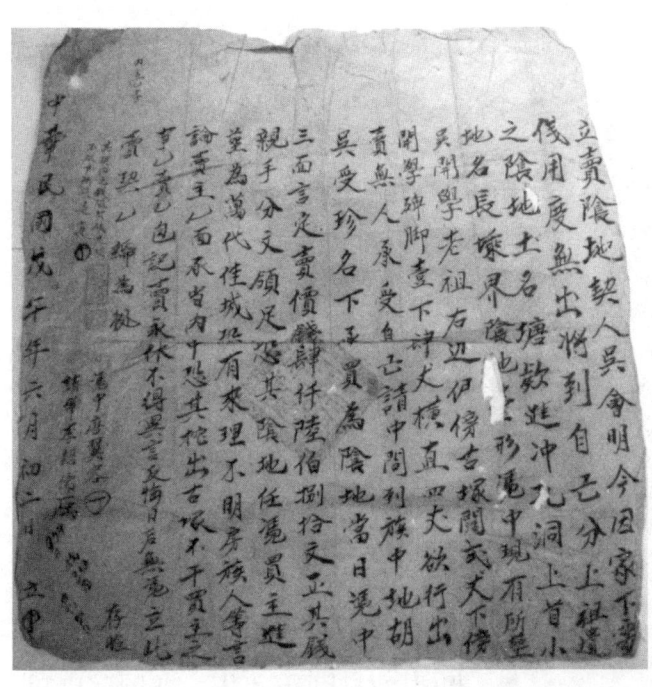

立卖阴地契人吴会明，今因家下要钱用度，无出。将到自己分上祖遗之阴地，土名：塘款进冲孔洞上首，小地名长堓界阴地壹形，凭中现有所葬吴开学老祖右边伊傍（旁）古塚[1]阔式丈，下傍开学碑脚壹（以）下肆丈，横直四丈，欲行出卖，无人承受。自己请中问到族中地胡（湖）吴受珍名下承买为阴地。当日凭中三面言定卖价钱肆仟陆伯（佰）捌拾文正。其钱亲手分文领足，恐其阴地任凭买主进葬为万代佳城。恐有来理（历）不明，房族人等言论，卖主一面承当。内中恐其挖出古塚，不干买主之事。一卖一包，记（既）卖永休，不得异言反悔。[恐]日后无凭，立此卖契一纸为据存照。

内点一字。

其契内之钱，随契领足，领不领（另）书，所领是实。

凭中　唐翼容
请笔　李绍儒

中华民国戊午年六月初二日　立

[1] "塚"，同"冢"，"坟墓"之意。

# 民国十年六月二十一日裁决书

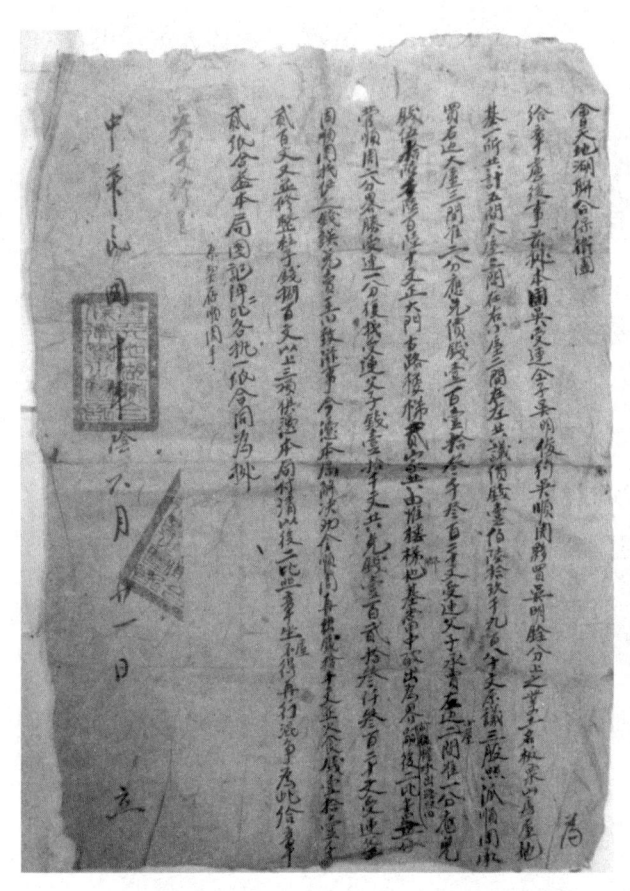

会天地湖联合保卫团

为给章虑后事。兹据本团吴受连同子吴明俊，约吴顺周移买吴明铨分上之业，土名：板栗山，房屋地基一所，共计五间。大屋三间，在右；小屋二间，在左。共议价钱壹伯（佰）陆拾玖千九百八十文。原议三股照派（派），顺周承买右边大屋三间，准二分，应兑价钱壹百壹拾叁千叁百二十文。受连父子承买左边小屋二间，准一分，应兑钱伍拾陆千陆百陆十文正。大门、古路、楼梯贰家共由（有），惟楼梯脚地基当中破出为界，前后檐水出路照旧。嗣后二比书立分管，顺周二分，略胜受连一分。后找受连父子钱壹拾千文。共兑钱壹百贰拾叁仟叁百二十文。受连父子因顺周找伊之钱误兑卖主，以致滋事。今凭本局解决，劝令顺周再出钱拾千文，并伙食钱壹拾壹千贰百文，又并修整柱子[工]钱捌百文。以上三项，俱凭本局付清。以后二比照章坐屋，不得再行混争。为此给章贰纸合益本局图记□，二比各执一纸合同，为据。

原契存顺周手。

吴受珍呈。

中华民国十年阴六月廿一日　立

# 民国十一年正月初六日吴明濬当水田契

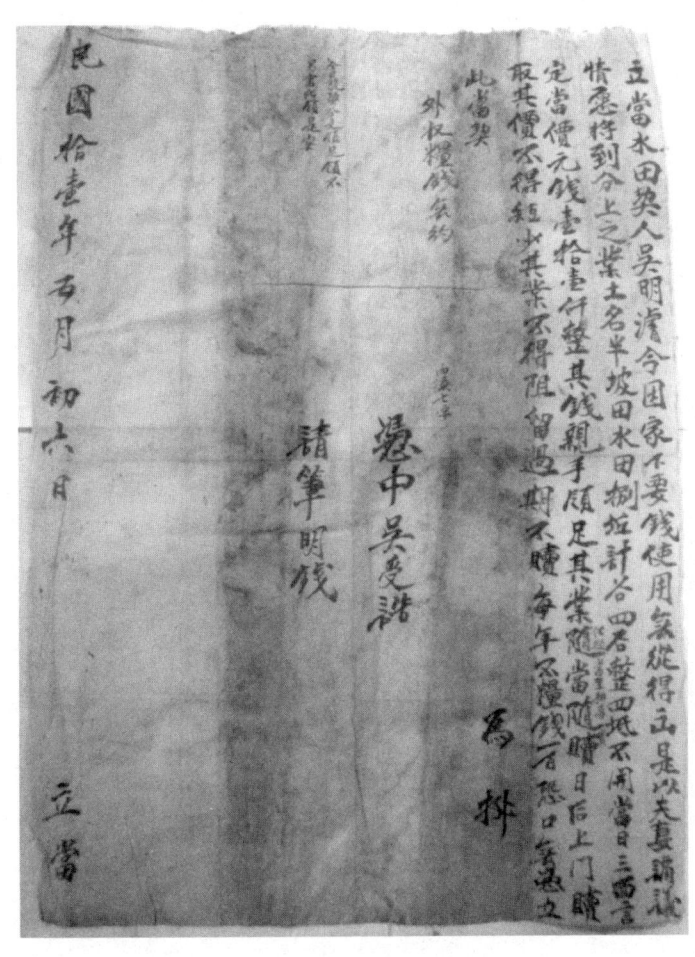

民国拾壹年正月初六日　立当

立当水田契人吴明濬，今因家下要钱使用，无从得出。是以，夫妻商议，情愿将到分上之业，土名：半坡田，水田捌坵，计谷四石整，四坻（抵）不开，当日三面言定当价元钱壹拾壹仟整。其钱亲手领足，其业任从当主耕［管］为业，随当随赎。日后，上门赎取，其价不得短少，其业不得阻留。过期不赎，每年不（补）粮钱一百。恐口无凭，立此当契为据。

外收粮钱无约。

内添七字。

同日随契分文领足，领不另书，所领是实。

　　凭中　吴受诰

　　请笔　明钱

# 民国十一年三月三十日吴明见卖养木地基百木契

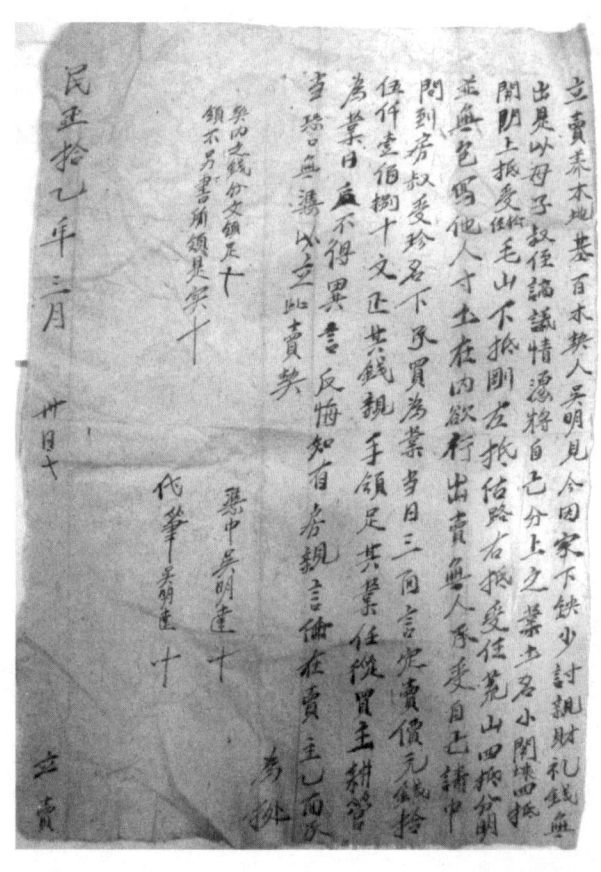

立卖养木、地基、百木契人吴明见，今因家下缺少讨亲财礼钱，无出。是以，母子叔侄商议，情愿将自己分上之业，土名：小开塦，四抵开明：上抵受松任毛山[1]，下抵刚（江）[2]，左抵估（古）路，右抵受任荒山，四抵分明，并无包写他人寸土在内，欲行出卖，无人承受。自己请中问到房叔受珍名下承买为业。当日三面言定卖价元钱拾伍仟壹佰捌十文正。其钱亲手领足，其业任从买主耕管为业。日后，不得异言反悔，如有房亲言伦（论），在卖主一面承当。恐口无凭，立此卖契为据。

契内之钱分文领足，领不另书，所领是实。

凭中　吴明达
代笔　吴明达

民国拾一年三月卅日　立卖

[1]"毛山"，地湖等地方言，指"未造林的荒山"。
[2]"刚"，应为"江"。在地湖等地方言中，一般将"江"（jiāng）读成（gāng），因此，就会出现将"江"写成"刚"的现象。

# 民国十一年六月二十二日吴受任卖水田契

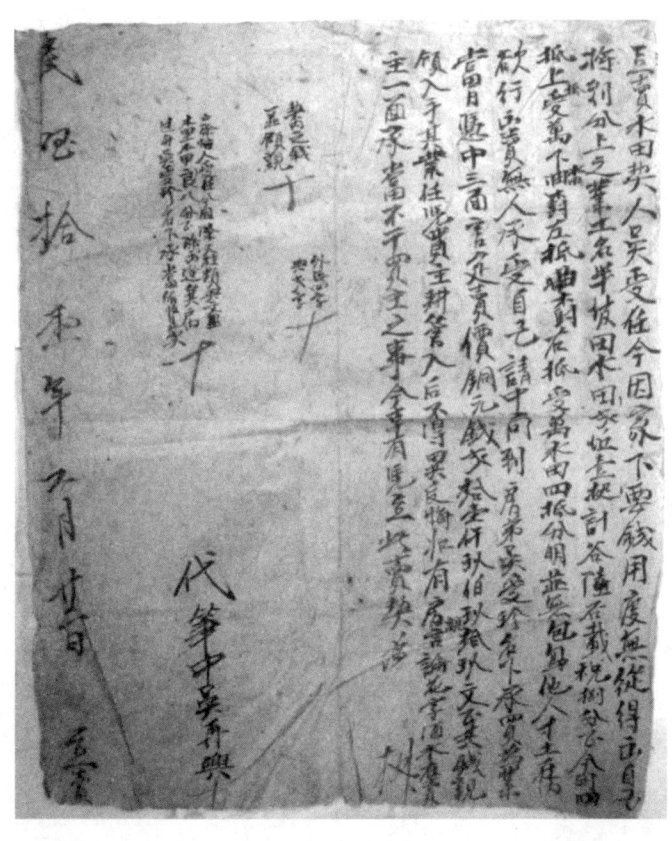

　　立卖水田契人吴受任，今因家下要钱用度，无从得出。自己将到分上之业，土名：半坡田，水田式坵壹处，计谷陆石，载税捌分正。今开四抵：上抵受万水田，下[抵]油树，左抵油树，右抵受万水田，四抵分明，并无包写他人寸土在内，欲行出卖，无人承受。自己请中问到房弟吴受珍名下承买为业。当日凭中三面言定卖价铜元钱式拾壹仟玖伯（佰）玖拾玖文正。其钱亲领入手，其业任凭买主耕管。入（日）后，不得异[言]反悔。如有房亲言论，花字酒水，在卖主一面承当，不干买主之事。今幸有凭，立此卖契为据。

　　外添四字，典（点）式字。

　　契内之钱，一并领亲（清）。

　　立除帖人受任，今因除天柱显（县）兴文里本里本甲良（粮）八分正，除出逢箕户内过与吴受珍名下承当，所收是实。

代笔中　吴再兴

民国拾壹年六月廿二日　立卖

# 民国十一年七月初二日蒋光成卖油树百木地基契

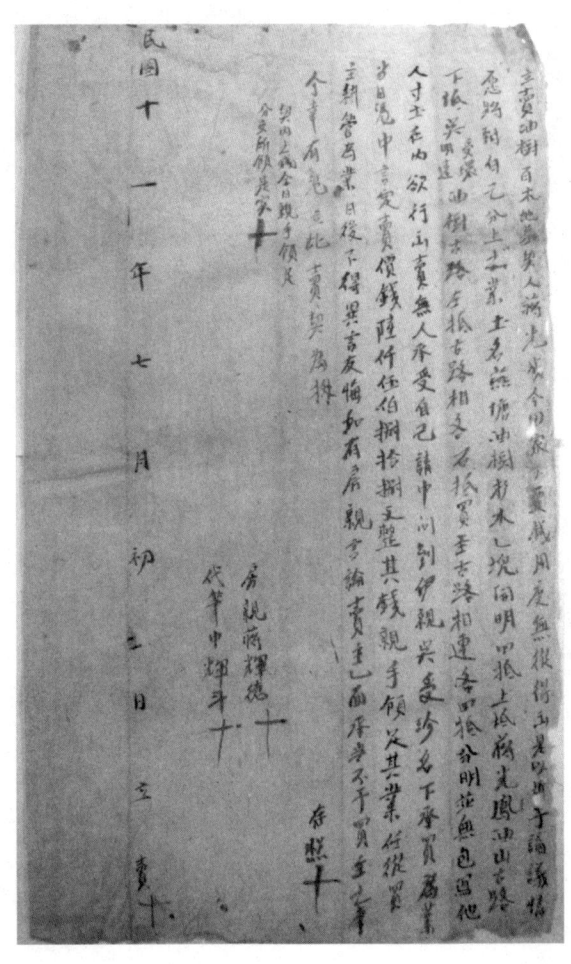

立卖油树、百木、地基契人蒋光成，今因家下要钱用度，无从得出。是以，母子商议，情愿将到自己分上之业，土名：燕塘，油树、杉木一块。开明四抵：上抵蒋光凤油山、古路，下坻（抵）吴受环（明远）油树、古路，左抵古路相各（隔），石（右）抵买主古路相连各（隔）[1]，四抵分明，并无包写他人寸土在内，欲行出卖，无人承受。自己请中问到伊亲吴受珍名下承买为业。当日凭中言定卖价钱陆仟伍伯（佰）捌拾捌文整。其钱亲手领足，其业任从买主耕管为业。日后，不得异言反悔。如有房亲言论，卖主一面承当，不干买主之事。今幸有凭，立此卖契为据存照。

契内之钱同日亲手领足分文，所领是实。

房亲　蒋辉德
代笔中　辉斗

民国十一年七月初二日　立卖

[1]"相连各"，应为"相连隔"，地湖等地方言，"相隔"之意。

# 民国十一年十月初一日吴明富卖水田契

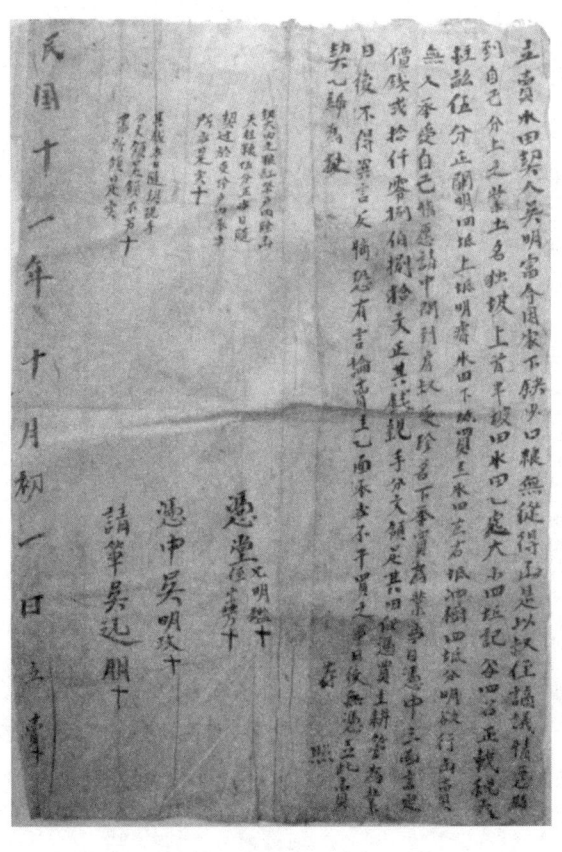

立卖水田契人吴明富,今因家下缺少口粮,无从得出。是以,叔侄商议,情愿将到自己分上之业,土名:独坡上首半坡田,水田一处,大小四坵,记(计)谷四石正,载税天柱亩伍分正。开明四坻(抵):上坻(抵)明瀋水田,下坻(抵)买主水田,左右坻(抵)冲树,四坻(抵)分明,欲行出卖,无人承受。自己情愿请中问到房叔受珍名下承买为业。当日凭中三面言定价钱式拾仟零捌伯(佰)捌拾文正。其钱亲手分文领足,其田任凭买主耕管为业。日后,不得异言反悔。恐有言论,卖主一面承当,不干买[主]之事。[恐]日后无凭,立此卖契一纸为据存照。

契内之粮红祭户内除出天柱粮伍分正,当日随契过於(与)受珍户内承当,所当是实。

其钱当日随契亲手分文领足,领不另书,所领是实。

凭堂 兄 明鉴
　　 侄 宗芳
凭中　吴明政
请笔　吴远朋

民国十一年十月初一日　立卖

# 民国十二年五月二十六日吴明濬卖水田契

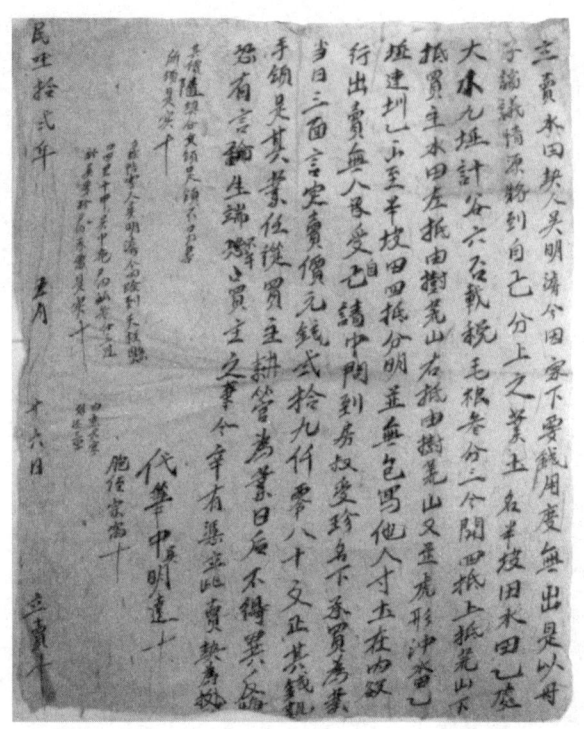

立卖水田契人吴明濬，今因家下要钱用度，无出。是以，母子商议，情原（愿）将到自己分上之业，土名：半坡田，水田一处，大小九坵，计谷六石，载税毛粮叁分三。今开四抵：上抵荒山，下抵买主水田，左抵由（油）树荒山，右抵由（油）树荒山；又并虎形冲水田一坵，连圳一出（处）至半坡田，四抵分明，并无包写他人寸土在内，欲行出卖，无人承受。自己请中问到房叔受珍名下承买为业。当日三面言定卖价元钱式拾九仟零八十文正。其钱亲手领足，其业任从买主耕管为业。日后，不得异［言］反悔。恐有言论生端，不干买主之事。今辛（幸）有凭，立此卖契为据。

其价随契分文领足，领不另书，所领是实。

立除帖字人吴明濬，今内除天柱县口四里十甲吴中亮户内亩叁分三，过於（与）吴受珍户内承当，是实。

内点弍字，外添三字。

代笔中　吴明达
胞侄　宗富

民国拾式年五月廿六日　立卖

# 民国十三年正月二十日吴宗模卖荒山地基百木契

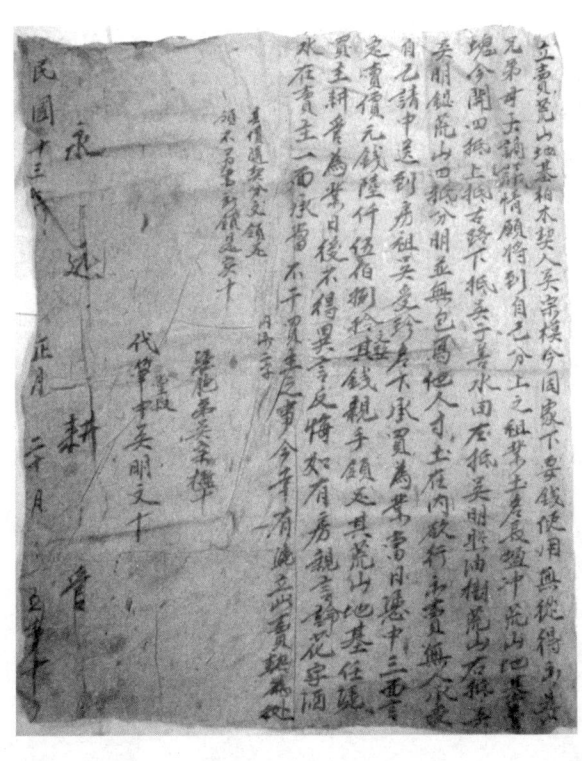

立卖荒山、地基、柏（百）木契人吴宗模，今因家下要钱用度，无从得出。是以，兄弟、母子商议，情愿将到自己分上之祖业，土名：长楹冲，荒山地基壹块。今开四抵：上抵古路，下抵吴子善水田，左抵吴明照油树荒山，右抵吴吴[1]明锟荒山，四抵分明，并无包写他人寸土在内，欲行出卖，无人承受。自己请中送到[2]房祖吴受珍名下承买为业。当日凭中三面言定卖价元钱陆仟伍佰捌拾文整。其钱亲手领足，其荒山地基任凭买主耕管为业。日后，不得异言反悔。如有房亲言论，花字酒水，在卖主一面承当，不干买主之事。今幸有凭，立此卖契为据。

内添二字。

其价随契分文领足，领不另书，所领是实。

凭胞弟　吴宗槛<br/>代笔中　堂叔　吴明文

永远耕管

民国十三年正月二十日　　立卖

[1] 此处多一个"吴"字。
[2] "送到"，其实并不是真正将契中的荒山地基送出去，而是当地"卖"的一种委婉的说法。

# 民国十三年六月初十日吴明亮卖水田契

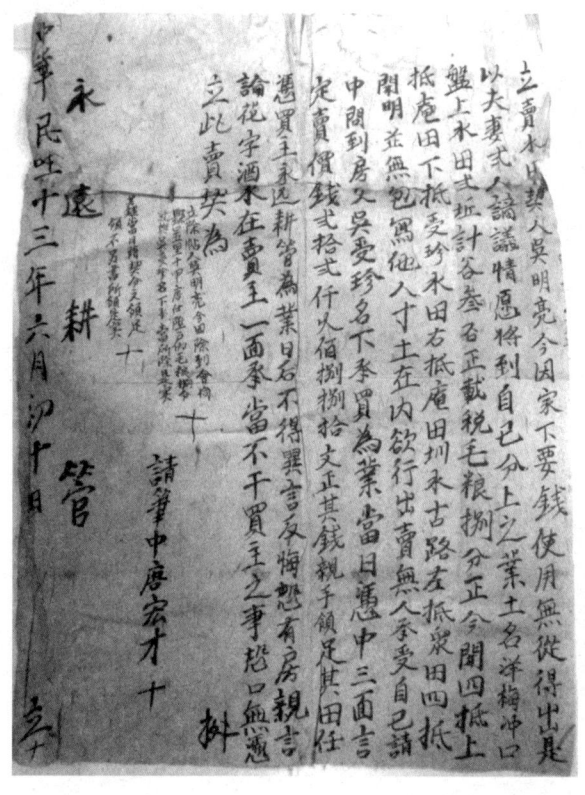

　　立卖水田契人吴明亮，今因家下要钱使用，无从得出。是以，夫妻式人商议，情愿将到自己分上之业，土名：洋梅冲[1]口盘上，水田式坵，计谷叁石正，载税毛粮捌分正。今开四抵：上抵庵田，下抵受珍水田，右抵庵田、圳水、古路，左抵众田，四抵开明，并无包写他人寸土在内，欲行出卖，无人承受。自己请中问到房父吴受珍名下承买为业。当日凭中三面言定卖价钱式拾式仟久（玖）佰捌捌[2]拾文正。其钱亲手领足，其田任凭买主永远耕管为业。日后，不得异言反悔。恐有房亲言论，花字酒水，在卖主一面承当，不干买主之事。恐口无凭，立此卖契为据。

　　立除帖人吴明亮，今因除到会同县口五里十甲唐仕升户内毛粮捌分，过与吴受珍名下承当，所除是实。

　　其钱当日随契分文领足，领不另书，所领是实。

请笔中　唐宏才

永远耕管
中华民国十三年六月初十日　　立

[1] 一般写法应为"杨梅冲"。
[2] 此处多出一个"捌"字。

## 民国十三年十二月吴受煌卖水田契

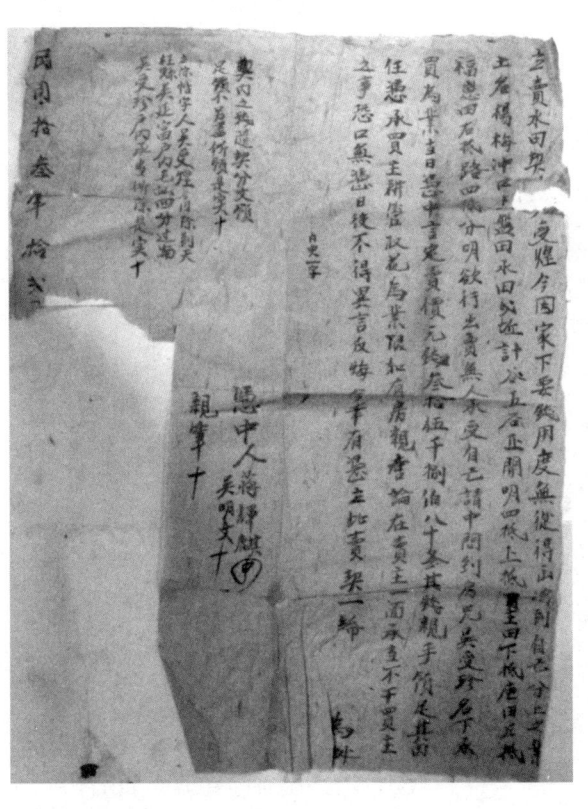

　　立卖水田契人吴受煌，今因家下要钱用度，无从得出。将到自己分上之业，土名：杨梅冲口上盤田，水田弍坵，计谷五石正。开明四抵：上抵买主田，下抵庵田，左抵福恩田，右抵路，四抵分明，欲行出卖，无人承受。自己请中问到房兄吴受珍名下承买为业。当日凭中言定卖价元钱叁拾伍千捌伯（佰）八十文正。其钱亲手领足，其田任凭承买主耕管收花为业。如有房亲言论，在卖主一面承当，不干买主之事。恐口无凭，日后不得异言反悔。今幸有凭，立此卖契一纸为据。

　　内典（点）一字。

契内之钱，随契分文领足，领不另书，所领是实。

立除帖字人吴受煌，今因除到天柱县吴廷富户内毛亩四分，过与吴受珍户内承当，所除是实。

凭中人　蒋辉麒<br>　　　　吴明文<br>亲笔

民国拾叁年十二月

# 民国十四年二月十一日吴明孝卖柏木地基塝契

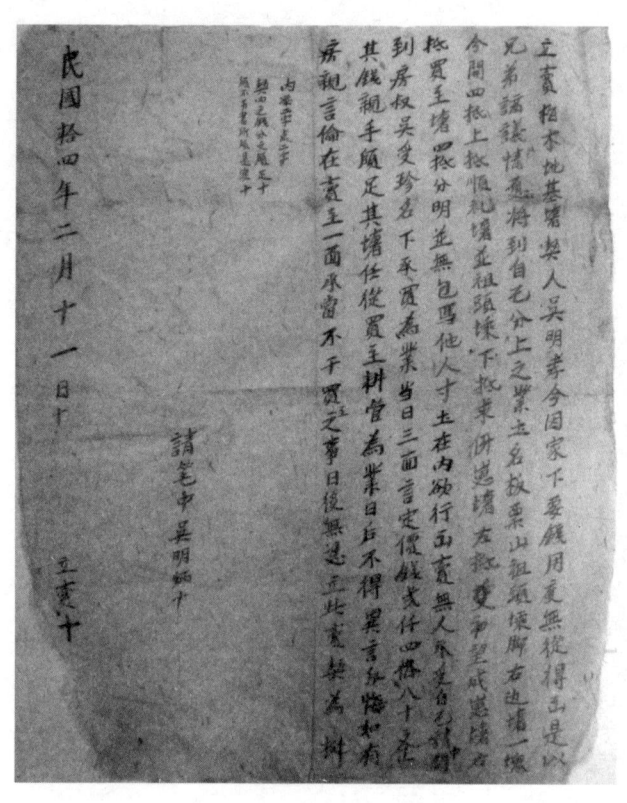

立卖柏木、地基塝契人吴明孝，今因家下要钱用度，无从得出。是以，兄弟商议，情愿将到自己分上之业，土名：板栗山、祖头塅脚右边塝一块。今开四抵：上抵顺礼塝并祖头塅，下抵求伢崀塝，左抵口望成崀塝，右抵买主塝，四抵分明，并无包写他人寸土在内，欲行出卖，无人承受。自己请中问到房叔吴受珍名下承买为业。当日三面言定价钱式仟四伯（佰）八十文正。其钱亲手领足，其塝任从买主耕管为业。日后，不得异言反悔，如有房亲言伦（论），在卖主一面承当，不干买主之事。[恐]日后无凭，立此卖契为据。

内添二字，点二字。

契内之钱分文领足，领不另书，所领是实。

请笔中　吴明炳

民国拾四年二月十一日　立卖

# 民国十五年三月朱世明卖新开塝田契

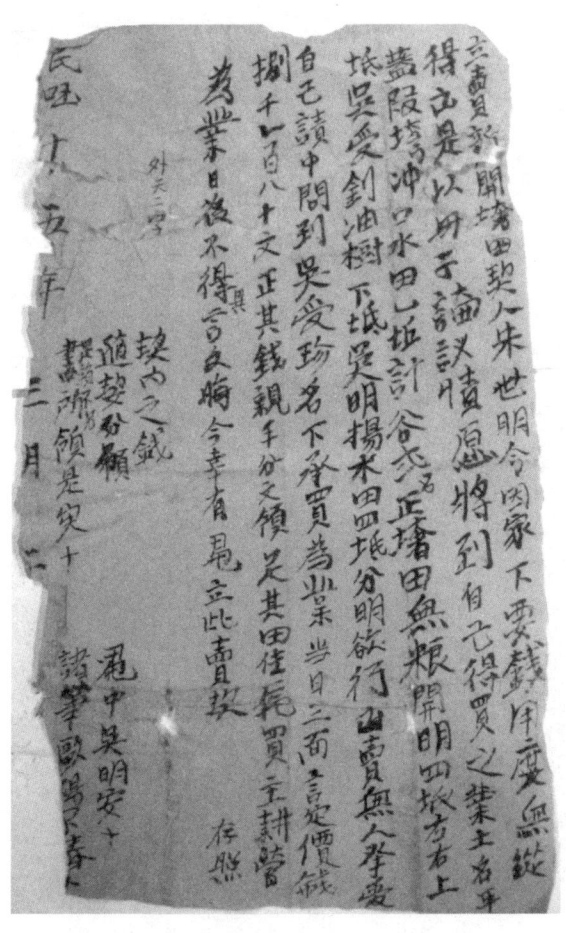

民国十五年三月二

立卖新开[1]塝田契人朱世明，今因家下要钱用度，无从得出。是以，母子商议，情愿将到自己得买之业，土名：平口叚塆冲口，水田一坵，计谷贰石正，塝田无粮。开明四坻（抵）：左右上坻（抵）吴受钊油树，下坻（抵）吴明扬水田，四坻（抵）分明，欲行出卖，无人承受。自己请中问到吴受珍名下承买为业。当日三面言定价钱捌千一百八十文正。其钱亲手分文领足，其田住（任）凭买主耕管为业。日后，不得异言反悔。今幸有凭，立此卖契存照。

外天（添）二字。

契内之钱，随契分［文］领足，领不另书，所领是实。

凭中　吴明安

请笔　欧阳口春

[1]"新开"，湖南会同辖下一个自然寨，朱姓为主，距地湖乡政府1公里，山林田土与地湖犬牙交错。

# 民国三十四年十二月十九日
## 吴顺周卖房屋地基毛岩石磉砖墙百并在内契

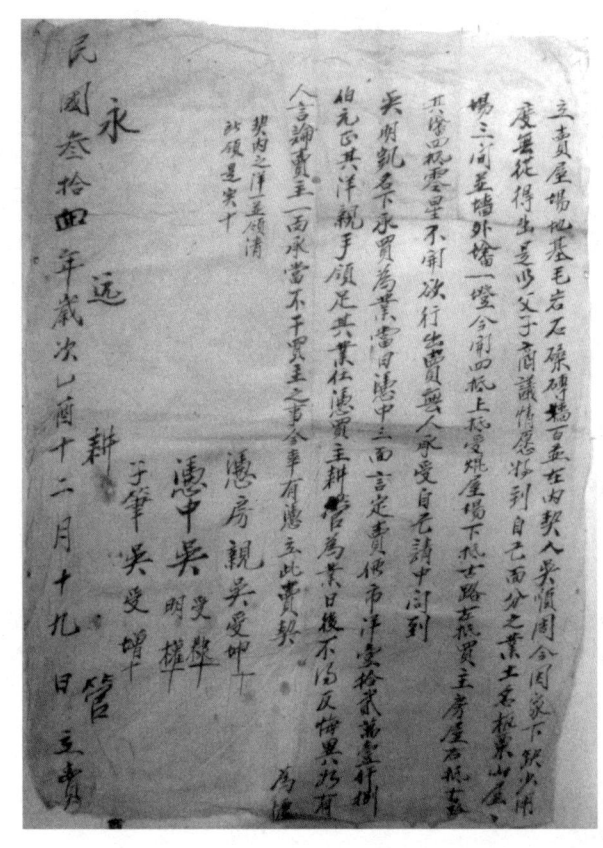

契内之洋一并领清,所领是实。

立卖屋场地基、毛岩、石磉、砖墙百并在内契人吴顺周,今因家下缺少用度,无从得出。是以,父子商议,情愿将到自己面分之业,土名:板栗山屋场三间并墙外塝一燈。今开四抵:上抵受焜屋场,下抵古路,左抵买主房屋,右抵古路,其塝四抵,零星不开,欲行出卖,无人承受。自己请中问到吴明凯名下承买为业。当日凭中三面言定卖价市洋壹拾贰万壹仟捌伯(佰)元正。其洋亲手领足,其业任凭买主耕管为业。日后,不得反悔异〔言〕,如有人言论,卖主一面承当,不干买主之事。今幸有凭,立此卖契为据。

凭房亲　吴受坤

凭中　吴 受棣
　　　　　明权

子笔　吴受增

永远耕管

民国叁拾四年岁次乙酉十二月十九日　　立卖

# 民国三十五年十二月二十五日
## 吴明君、吴明上、吴明权等卖众田契

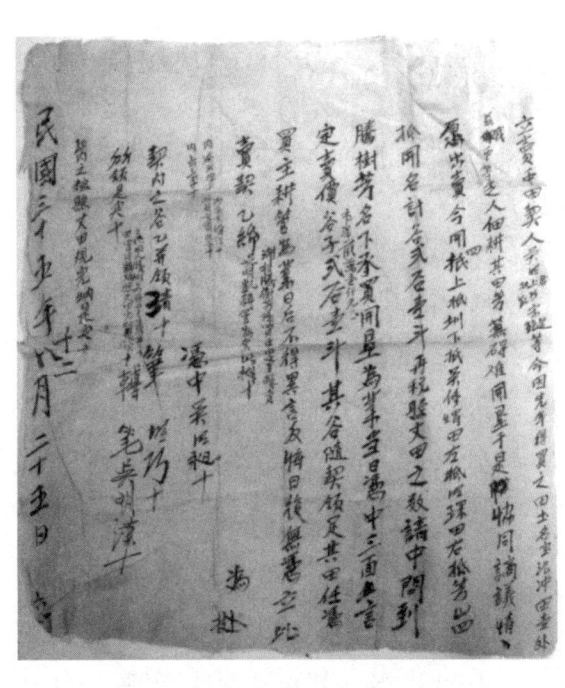

立卖众田契人吴明君、上、权珍、筳凯、宗范等，

今因先年得买之田，土名：宝泥、冲田壹处。兹我众等乏人佃耕，其田芳（荒）芜，碍难开垦，于是协同商议，情愿出卖。今开四抵：上抵圳，下抵吴修熠田，左抵明琛田，右抵芳（荒）山，四抵开名（明），计谷式石壹斗，再（载）税照丈田之数。请中问到腾树芳名下承买开垦为业。当日凭中三面言定卖价市洋贰万壹仟元正，谷子式石壹斗。其谷随契领足，其田任凭买主耕管为业。日后，不得异言反悔。［恐］日后无凭，立此卖契一纸为据。

湖北腾树芳得买众田之业转卖吴明凯耕管为业，此据。

内添式字，内点三字

内添市价洋，内点市价□子。

契内之谷，一并领清，所领是实。

立除帖人腾树芳，得买宝泥冲田，会同县粮，照丈田完纳，是实。

契内之粮，照丈田规完纳，是实。

凭中　吴明昶
笔　　明巧
转笔　吴明汉

民国三十五年十二月二十五日　立卖

## 民国三十七年二月二十六日
## 吴受锜卖荒旱田并堵场地基杂木百并在内契

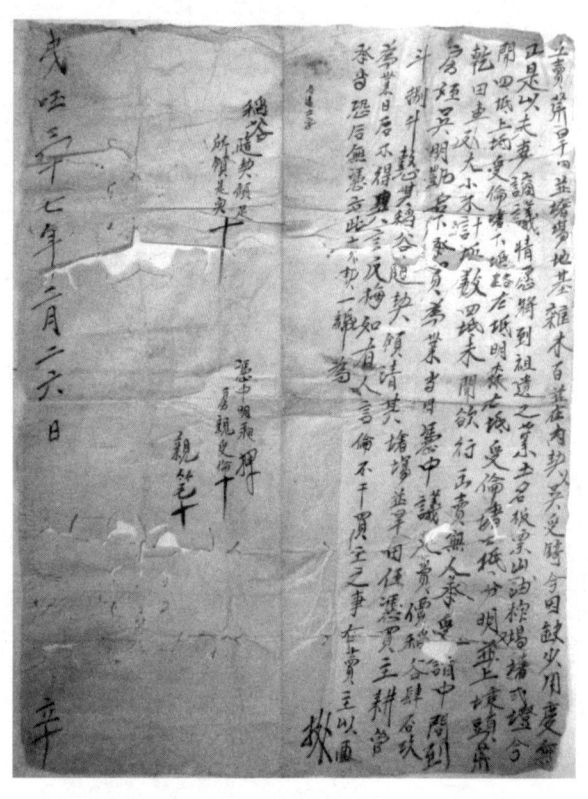

　　立卖荒旱田并堵场、地基、杂木百并在内契人吴受锜，今因缺少用度，无出。是以，夫妻商议，情愿将到祖遗之业，土名：板栗山油榨场，堵弍磴。今开四坻（抵）：上坻（抵）受伦堵，下坻（抵）路，左坻（抵）明森，右坻（抵）受伦堵，四坻（抵）分明；又并上塅头荒干田壹处，大小不计坵数，四坻（抵）未开，欲行出卖，无人承受。请中问到房侄吴明凯名下承买为业。当日凭中议定卖价稻谷肆石玖斗捌升整。其稻谷随契领清，其堵场并旱田任凭买主耕管为业。日后，不得异言反悔。如有人言伦（论），不干买主之事，在卖主以（一）面承当。恐后无凭，立此卖契一纸为据。

　　内填（添）二字。

　　稻谷随契领足，所领是实。

凭中　明昶　押
房亲　受伦
亲笔

民国三十七年二月二六日　立